BERÜHMTE
BIERE

BERÜHMTE BIERE

ÜBER 700 BIERE, DIE SIE KENNEN SOLLTEN

HERAUSGEBER **TIM HAMPSON**

coventgarden

coventgarden

bei DORLING KINDERSLEY

London, New York, Melbourne,
München und Delhi

Redaktion Robert Sharman
Bildredaktion Nihal Yesil, Christine Keilty,
Marianne Markham
Gestaltung Elma Aquino
Cheflektorat Dawn Henderson
Covergestaltung Nicola Powling
Herstellung Jennifer Murray, Hema Gohil

Für DK Indien
DTP-Design Harish Aggarwal, Pushpak Tyagi
DTP-Manager Sunil Sharma
Herstellung Pankaj Sharma
Chefredaktion Glenda Fernandes

Für die deutsche Ausgabe:
Programmleitung Monika Schlitzer
Projektbetreuung Florian Bucher
Herstellungsleitung Dorothee Whittaker
Herstellung Anna Strommer

Bibliografische Information der Deutschen Bibliothek
Die Deutsche Bibliothek verzeichnet diese Publikation in der
Deutschen Nationalbibliografie;
detaillierte bibliografische Daten sind im Internet über
http://dnb.ddb.de abrufbar.

Titel der englischen Originalausgabe:
Great Beers

© Dorling Kindersley Limited, London, 2010, 2012
Ein Unternehmen der Penguin-Gruppe

© der deutschsprachigen Ausgabe by
Dorling Kindersley Verlag GmbH, München, 2012
Alle deutschsprachigen Rechte vorbehalten

Übersetzung Cordula Wehrmeyer
Redaktion Dr. Ulrike Brandt-Schwarze
Satz Wolfgang Lehner

ISBN 978-3-8310-9112-6

Colour reproduction by Colourscan, Singapore
Printed and bound in China

Besuchen Sie uns im Internet
www.dorlingkindersley.de

Inhalt

Einleitung 6

Berühmte Biere A–Z 8

Biertouren
Oregon 86
Brüssel 136
Cotswolds 202
Prag 288
Bamberg 310

Register 378

Dank 384

Einleitung

Dieses Buch ist ein Abenteuer – eine Expedition in eine faszinierende Welt aus Düften, Farben und Aromen. Auf diesen Seiten reisen wir zu 700 Ales, Porters und Pilsenern und besuchen die besten Braumeister hinter dem beliebtesten Getränk der Welt.

Die »neue Welt« des Biers ist Amerika. Von Alaska bis zur mexikanischen Grenze stoßen amerikanische Brauer in bisher ungeahnte Bereiche vor. Ihre Biere sind dunkler, bitterer und hopfenbetonter als anderswo. Die europäischen Bierarten werden auseinandergenommen und ohne enge Bindung an die Tradition wieder neu zusammengesetzt.

Währenddessen halten die großen Braunationen Europas – Deutschland, Belgien, die Tschechische Republik – tapfer die Fahne der Tradition hoch, während ganz langsam auch bei ihnen sich Innovationen breitmachen. In Ländern, die man bisher eher mit Trauben als mit Gerste in Verbindung brachte, entwickelt sich eine Brauerszene in großen Schritten – Italiens Braumeister gehören zu den innovativsten und ambitioniertesten weltweit. Ihre Bemühungen haben bereits bemerkenswerte Erfolge erbracht.

Die andere gute Nachricht für Bierfreunde ist, dass es nie leichter war, aus einem so großen Angebot an Bieren aus aller Welt zu schöpfen. Schon im Supermarkt um die Ecke werden Sie einige der in diesem Buch vorgestellten Biere vorfinden. Wer eine Leidenschaft für Bier hat, lässt sich sicher zu einer Reise zu entfernteren Quellen verführen, um die Brau- und Trinkkultur der besten Bierregionen der Welt kennenzulernen.
Lassen Sie sich von diesem Buch zu Touren durch Bamberg, Prag und andere Bierregionen der Welt verführen. Hier finden Sie die besten Plätze der alten und der neuen Welt des Biers.

Dieses Buch ist für Menschen, die mehr über Bier lernen möchten und die neugierig sind auf interessante Sorten aus verschiedenen Ländern. Es soll Sie dazu ermuntern, bei der Bestellung eines Biers nicht immer nur zwischen Weizen und Pils zu entscheiden, sondern auch regionalen und ungewöhnlichen Bieren eine Chance zu geben. Was gibt es Besseres als ein großes Bier, wenn man nach einem langen Tag nach Hause kommt oder wenn man in seiner Lieblingskneipe sitzt? Aber was für ein Bier? Sie haben die Wahl. Viel Spaß beim Probieren!

Tim Hampson

Aass Bryggeri

Postboks 1530, 3007 Drammen,
NORWEGEN
www.aass.no

Die älteste Brauerei in Norwegen stammt aus dem Jahr 1834. Der Familienbetrieb ist nach dem Gründer Poul Lauritz Aass benannt und wird von seinen Nachkommen betrieben.

BRAUGEHEIMNIS Aass braut unter strikter Einhaltung des deutschen Reinheitsgebots von 1516. Das Brauwasser stammt aus dem nahen Glitre-See.

Aass Bock
DUNKLER BOCK 6,5 VOL.-%
Sahnig-weich; gebraut aus Münchner Malz und Hallertauer Hopfen. Mindestens drei Monate gereift.

Aass Juleøl
DUNKLER BOCK 6,2 VOL.-%
Das gefragteste Weihnachtsbier in Skandinavien. Dicht und malzig, im Geschmack weich und üppig.

Abbaye des Rocs

Chaussée Brunehault 37, 7387
Montignies-sur-Roc, **BELGIEN**
www.abbaye-des-rocs.com

Seit Jean-Pierre Eloir, ein ehemaliger Steuereinnehmer, 1979 mit dem Brauen begann, hat sich sein Geschäft vergrößert. Inzwischen werden auch Biere extra für den Export entwickelt.

BRAUGEHEIMNIS Das Kernsortiment bleibt den würzigen, körperreichen Bieren, wie sie für Wallonien üblich sind, treu. Die Fassbiere sind oft ungefiltert.

Blanche des Honnelles
BELGISCHES WEIZENBIER 6 VOL.-%
Kein gewöhnliches Weizenbier, sondern aus Gersten- und Weizenmalz sowie gemälztem Hafer hergestellt.

Abbaye des Rocs Brune
DUNKLES STARKBIER 9 VOL.-%
Ein würziges, stärkendes Bier, das recht gehaltvoll ist. Erstaunlich vollmundiger Charakter.

Achelse Kluis

De Kluis 1, 3930 Hamont-Achel,
BELGIEN
www.achelsekluis.org

Zu einer Zeit, als in Belgien viele Brauereien schließen mussten, gab es auch einen Lichtblick: In der Abtei Achelse Kluis nahe der holländischen Grenze begann man 1998 nach mehr als 84 Jahren, wieder zu brauen. Es gibt auch einen Brauereigasthof, der viele Gäste anzieht.

Achel Bruin 8
TRAPPISTENBIER 8 VOL.-%
Mehr noch als die Schankbiere ein typisches Trappistenbier: schwer, mit vielen Estern, sättigend.

Achel Extra Bruin
TRAPPISTENBIER 9,5 VOL.-%
Der Favorit von Braumeister Knops, der sich weigert, etwas anderes zu trinken – üppig und lohnend.

Acorn

Wombwell, Barnsley,
South Yorkshire, S73 8HA,
ENGLAND
www.acorn-brewery.co.uk

Acorn wurde 2003 eröffnet und gehört damit zu den neueren Mikrobrauereien in England. Die Produktionsmenge liegt heute bei 6500 l pro Woche.

BRAUGEHEIMNIS Acorn arbeitet mit Hefekulturen von der Barnsley Brewery. Seitdem sind Acorn-Biere mehrfach ausgezeichnet worden.

Barnsley Bitter
BITTER 3,8 VOL.-%
Die Farbe erinnert an eine reife Kastanie; abgerundeter und üppiger Geschmack.

Barnsley Gold
STRONG BITTER 4,3 VOL.-%
Schöne goldene Farbe, zitrusartige Hopfenaromen, die die Gesamtheit der Aromen bestimmen.

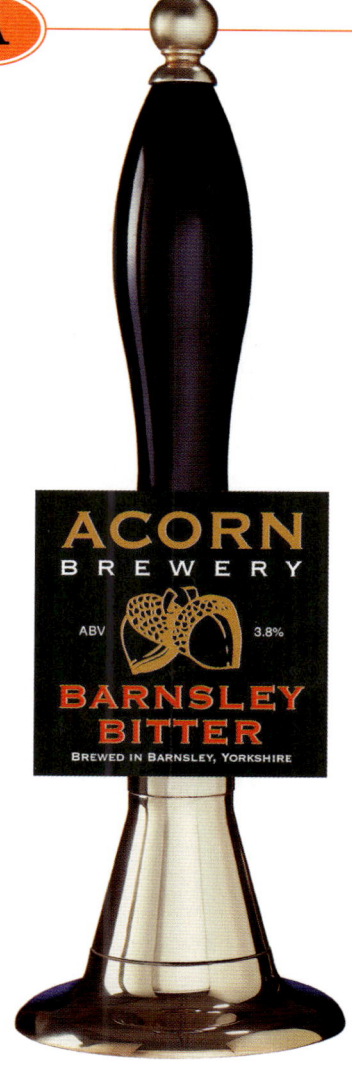

Adnams

Southwold, Suffolk, IP18 6JW,
ENGLAND
www.adnams.co.uk

Das »Bier von der Küste« wird seit 1872 in der englischen Küstenstadt Southwold gebraut. In den vergangenen Jahren wurden die Anlagen den neuesten technischen Standards angepasst, dennoch legt man nach wie vor großen Wert auf traditionelle Methoden. Das Vertriebszentrum zeichnet sich durch seine Umweltfreundlichkeit aus – bis hin zum grasgedeckten Dach.

Adnams Broadside
STRONG BITTER 4,7 VOL.-%
Auf üppige Aromen von Obstkuchen folgt eine elegante Kombination von Hopfen und Malz.

Adnams Bitter
BITTER 3,7 VOL.-%
Duft nach Hopfen und keksartigem Malz; lang anhaltender, herber und erfrischend bitterer Geschmack.

Airbräu

Münchner Airportcenter,
Terminalstr. Mitte 18,
85356 München, **DEUTSCHLAND**
www.airbraeu.de

Der Standort dieser Brauerei ist einmalig: Sie liegt zwischen den beiden Terminals des Münchner Flughafens und wurde zeitgleich mit dem Terminal Nr. 2 eröffnet. Zur Brauerei gehören ein Biergarten und ein Restaurant mit zwei Sudkesseln in der Mitte.

Fliegerquell
LAGER 5,2 VOL.-%
Dunkel goldfarben, feine Struktur, klassisch trocken. Dem Geschmack des internationalen Publikums angepasst.

Kumulus
WEISSBIER 5,4 VOL.-%
Typisch goldgelb; ein spritzig-frisches Bier, erfrischend und vollmundig.

Aktienbrauerei

Hohe Buchleute 3, 87600
Kaufbeuren, **DEUTSCHLAND**
www.aktienbrauerei.de

Die Geschichte der Aktienbrauerei in Kaufbeuren lässt sich bis ins frühe 14. Jh. zurückverfolgen. In jüngerer Vergangenheit hat die Aktienbrauerei die Löwen- und die Rosenbrauerei übernommen.

BRAUGEHEIMNIS: Die Aktienbrauerei hält sich streng an das bayerische Reinheitsgebot aus dem Jahr 1516.

Naturtrübes Kellerbier
KELLERBIER 5,1 VOL.-%
Ungefiltertes, naturtrübes Bier. Der leicht süßliche Geschmack ist typisch für diese Bierart, die zu den ältesten in Bayern gehört.

Fendt Dieselrossöl
MÄRZEN 5,9 VOL.-%
Malzige, aromatische Struktur, voller Körper bei leicht bitterem Geschmack. Passt zu Wildgerichten.

Alaskan

5429 Shaune Drive, Juneau,
Alaska 99801, **USA**
www.alaskanbeer.com

Trotz seiner Küstenlage und schlechter Verkehrsanbindungen hat sich Alaskan Brewing rasch zu einem bedeutenden Wirtschaftsfaktor in der Region entwickelt. Verkauft wird vor allem entlang der Küste. Die Gründer Geoff und Marcy Larson arbeiten mit regionalen Zutaten und traditionellen Rezepturen. Ihr wichtigstes Produkt, das Amber Ale, geht auf ein Bier zurück, das um die Wende zum 20. Jh. auf der anderen Seite des Gastineau Channel gebraut wurde.

Amber
ALTBIER 5 VOL.-%
Reiner Karamell in der Nase, durch würzigen Hopfen aufgehellt. Weich und malzig, ausgewogene Bitterkeit.

Barley Wine Ale
BARLEY WINE 10,4 VOL.-%
Lagert in einer ehemaligen Goldmine. Üppig weich mit dunklem Karamell, Kirschen und Pflaumen. Gut ausgewogen.

A. Le Coq

Tähtvere 56/62, 50050 Tartu,
ESTLAND
www.alecoq.ee

Die aus dem Jahr 1826 stammende Brauerei wurde 1913 von A. Le Coq aufgekauft, einem in London ansässigen Unternehmen. Ziel war es, eine Brauerei im Zarenreich zu besitzen, wo man Imperial Stout herstellen konnte. In den 60er-Jahren kam die Produktion zum Erliegen, wurde in den 90er-Jahren aber wieder aufgenommen. Heute befindet sich dort auch ein Museum.

Le Coq Porter
PORTER 6,5 VOL.-%
Ein starkes, dunkles Bier – ein würdiger Nachfolger für das berühmte Imperial Extra Double Stout.

Double Bock
BOCK 8 VOL.-%
Ein starkes, wärmendes Bockbier mit einem angesichts des Alkoholgehalts erstaunlich weichen Nachklang.

AleSmith

9368 Cabot Drive, San Diego,
California 92126, **USA**
www.alesmith.com

Eine der Brauereien in San Diego, die Südkalifornien einen Spitzenplatz in der Brauszene sichern. Ihre meist starken, manchmal esoterischen Biere finden viele Anhänger. Viele der Produkte sind fassgereifte Jahrgangsbiere.

BRAUGEHEIMNIS: Alle Angestellten von AleSmith sind mit Preisen ausgezeichnete Heimbrauer.

Speedway Stout
IMPERIAL STOUT 12 VOL.-%
Voller Kaffee, der die für ein Imperial Stout typischen Aromen von Schokolade, Toffee, Johannisbeeren und öligen Nüssen ergänzt.

IPA
INDIA PALE ALE 7,3 VOL.-%
Viele Hopfen- und Obstsalataromen, darunter reife Mango und Ananas.

Alhambra

Avenida de Murcia 1,
18012 Granada, **SPANIEN**
www.cervezasalhambra.com

Die Alhambra-Gruppe wurde 1925 gegründet und ist nach der berühmten maurischen Stadtburg in Granada benannt. Das Brauwasser stammt aus den Bergen der Sierra Nevada.

BRAUGEHEIMNIS: Die Brauerei arbeitet mit traditionellen Methoden: So kann ein Gärprozess bis zu 39 Tage dauern.

Alhambra Premium
LAGER 4,6 VOL.-%
Matt goldfarben; in der Nase zitronig frisch, mit Anklängen an Malz. Ein gut ausgewogenes, süffiges Bier.

Mezquita
WEIZENBIER 7,2 VOL.-%
Ein charaktervolles rötliches Weizenbier mit Karamellnoten; in der Nase Anklänge von Pfeffer.

Allagash

100 Industrial Way, Portland,
Maine 04103, **USA**
www.allagash.com

Der Schwerpunkt von Allagash liegt auf Bieren nach belgischem Vorbild. Seit 2007 arbeitet Allagash als erste Brauerei mit einem Kühlschiff, einem flachen, offenen Gefäß, das die Gärung durch wilde Hefen unterstützt.

BRAUGEHEIMNIS: Einige Spezialbiere reifen in Bourbonfässern aus Eiche.

Allagash White
WITBIER 6,2 VOL.-%
Angemessen trüb, fruchtig und erfrischend. Aufgehellt durch feinen Koriander und Bitterorangenschale.

Curieux
TRIPLE 10 VOL.-%
Das Allagash Triple Ale reift in Jim-Beam-Fässern. Aromen von Gartenfrüchten und Honig treffen auf Bourbon, Vanille und Holz.

Allersheim

Allersheim 6,
37603 Holzminden, **DEUTSCHLAND**
www.brauerei-allersheim.de

Die Brauerei wurde 1854 gegründet und war für Otto Baumgarten ein Nebenerwerb zu seiner Landwirtschaft. Er musste nur den Hopfen zukaufen. Im Laufe der Zeit weitete sich die Brautätigkeit aus, und heute hat die Brauerei 40 Angestellte.

BRAUGEHEIMNIS: Die Biere sind auf den Geschmack der anspruchsvollen Kunden vor Ort abgestimmt.

Landbier
PILSNER 5 VOL.-%
Dieses Pilsener wird aus einer Mischung von hellem und dunklem Malz hergestellt. Mild im Geschmack mit typisch malzigem Aroma.

Blue Moon
BIERMISCHGETRÄNK 1,9 VOL.-%
Ein angenehmer Mix von trockenem Hopfen und Coca Cola.

Almond 22

Via Dietro le Mura 36/38,
65010 Spoltore (PE), **ITALIEN**
www.birraalmond.com

Die Mikrobrauerei in dem am Meer gelegenen Ort Spoltore in der Provinz Pescara wurde 2003 von dem schwedischstämmigen Italiener Jurij Ferri gegründet. Seine Biere im britischen bzw. belgischen Stil genießen hohes Ansehen, er braut aber auch experimentelle Biere mit Zutaten aus der Region.

Torbata
BARLEY WINE 8,7 VOL.-%
Ein Bier mit torfigen, rauchigen Geschmacksnoten, das an einen Whisky erinnert. Gut zu trinken.

Farrotta
DINKELBIER 5,7 VOL.-%
Ein trübes, goldfarbenes Bier, das mit Gerste und Dinkel gebraut wird; süffig, guter Durstlöscher.

Alpirsbach

Alpirsbacher Klosterbräu,
Marktplatz 1, 72275 Alpirsbach,
DEUTSCHLAND
www.alpirsbacher.de

Als am Ende des 19. Jh. die Eisenbahnlinie durch den Schwarzwald gebaut wurde, kamen viele Besucher nach Alpirsbach. Für ihr leibliches Wohl sorgte Johann Gottfried Glauner, der die alte Brauerei vor Ort wieder eröffnete. Heute wird das Alpirsbacher Bier von der vierten Generation der Familie gebraut.

Kleiner Mönch
LAGER 5,2 VOL.-%
Die goldene Farbe verspricht ein frisches, junges Bier. Es ist körperreich und schmeckt nach Karamell.

Schwarzes Pils
PILSNER 4,9 VOL.-%
Dunkel rötlich-schwarz, intensiver Geschmack. Unverkennbar durch die Aromen von geröstetem Malz.

Altöttinger

Altöttinger Hell-Bräu, Herren-
mühlstr. 15, 84503 Altötting,
DEUTSCHLAND
www.altoettinger-hellbraeu.de

Die bayerische Stadt Altötting
ist der größte Wallfahrtsort in
Deutschland: Mehr als 1 Mio.
Gläubige kommen jedes Jahr, um
die Schwarze Madonna anzube-
ten. 1890 baute Georg Hell die
Kapazitäten der Brauerei aus.
Heute stellt Altöttinger Hell-Bräu
acht verschiedene Bierarten her.

BRAUGEHEIMNIS: Nur feinster Hopfen
und bestes Malz werden verwendet.

Bayerisch Dunkel
DUNKEL 5,2 VOL.-%
Röstaroma und malziger Geschmack,
aber frisch mit langem Nachklang. Eine
eigenwillige Spezialität.

Fein-Herb
LAGER 5 VOL.-%
Bestes Malz in Kombination mit sorgfältig ausgesuchtem Hopfen sorgt für einen
exzellenten, trockenen Geschmack.

Amber

Bielkówko, ul. Gregorkiewicza 1,
83-050 Kolbud, **POLEN**
www.browar-amber.pl

Das mittelgroße Unternehmen der Familie Przybylo ist eine der modernsten Brauereien in ganz Polen. Sie liegt in der Nähe von Danzig und damit in einer Region, die auf eine lange Brautradition zurückblickt. Sie unterstützt die Slow-Food-Bewegung und organisiert jedes Jahr im September das Bierfestival Koźlaki Bielkowskie.

Koźlak
BOCK 6,5 VOL.-%
Ein rubinrotes Bier, das intensiv nach Malz und Hefe schmeckt; wärmender Nachklang.

Zywe
PILSNER 6,2 VOL.-%
Ein helles Bier, das nach Zitrone schmeckt; gebraut mit Hopfen und Gerste aus der Region Lubin.

Amsterdam Brewery

21 Bathurst Street, Toronto,
Ontario, M5V 2NG, **KANADA**
www.amsterdambeer.com

Reinheit, Leidenschaft und Zechgelage – das ist die Losung im ersten Brewpub in Toronto. John Street gründete ihn 1986 im Vergnügungsviertel der Stadt, und er war sofort ein Erfolg. Als 2003 die Kawartha Lakes Brewing Company schloss, kaufte Amsterdam Brewery die Marken auf und braut bis heute »KLB«-Biere – darunter ein Weizenbier mit Himbeeren und das KLB Nut Brown Ale.

KLB Nut Brown Ale
BROWN ALE 5 VOL.-%
Unverkennbares Aroma von East Kent Goldings Hopfen. Süß mit Anklängen an Honig und Schokolade.

Amsterdam Weizenbier
WEIZENBIER 4 VOL.-%
Ein helles Bier mit malziger Süße und Noten von frischem Brot. Kalt mit einer Zitronenscheibe servieren.

Anchor

705 Mariposa St., San Francisco,
California 94107, **USA**
www.anchorbrewing.com

1965 bewahrte Fritz Maytag Anchor Brewing vor der Schließung. Er machte die USA mit vielen klassischen Bierarten bekannt – und löste damit die Revolution der Mikrobrauereien aus.

BRAUGEHEIMNIS: Maytag ist für sein Dampfbier bekannt, das mit untergäriger Hefe bei hohen Temperaturen in flachen Sudpfannen hergestellt wird.

Liberty Ale
PALE ALE 6 VOL.-%
Dieses Ale hat Maßstäbe für amerikanische Pale Ales gesetzt. In der Nase fruchtig-blütenduftig; spröde Bitterkeit am Gaumen.

Anchor Steam
DAMPFBIER 4,9 VOL.-%
Eindeutig holzig-minzige Nase. Schön gerundete Karamellaromen; stabiler, spröder Nachklang.

Andechs

Kloster Andechs, Bergstr. 2,
82346 Andechs, **DEUTSCHLAND**
www.andechs.de

Die Benediktinermönche des Klosters Andechs brauten schon 1455 Bier. 1972 wurde die gesamte Brauanlage erneuert. Das Kloster auf dem Heiligen Berg ist nach wie vor ein beliebtes Ziel für Pilger – auch wegen des international bekannten Biers, das dort gebraut wird.

Bergbock Hell
BOCK 7 VOL.-%
Ein starkes Bier, das aber mild und aromatisch schmeckt. Die leichte Süße sorgt für einen vollen Körper.

Doppelbock Dunkel
BOCK 7 VOL.-%
Dieses weltberühmte Bier schmeckt richtig intensiv. Den Charakter erhält es durch das dunkle Malz. Im Nachklang leichtes Hopfenaroma.

Anderson Valley

17700 Highway 253, Boonville,
California 95415, **USA**
www.avbc.com

Die Brauerei liegt mitten im malerischen Anderson Valley im County Mendocino und arbeitet mit Sonnenenergie. Das Sortiment besteht aus regionalen und internationalen Bierarten, ebenso gemischt sind die Arbeitstechniken.

BRAUGEHEIMNIS: Die kupfernen Sudkessel stammen aus einer deutschen Brauerei.

Boont ESB
EXTRA SPECIAL BITTER 6,8 VOL.-%
Zitrusartiger Hopfen überlagert brotiges Malz. Im Mittelteil würzig; langer, mäßig bitterer Nachklang.

Barney Flats Oatmeal Stout
OATMEAL STOUT 5,7 VOL.-%
Eindruck von Kaffee mit Sahne; die Süße wird durch geröstetes Getreide ausbalanciert, mehr Komplexität durch erdige Untertöne.

Anheuser-Busch

One Busch Place, St. Louis,
Missouri 63118, **USA**
www.anheuser-busch.com

Anheuser-Busch InBev produziert die Hälfte der in den USA verkauften Biere, darunter auch das berühmte Budweiser und Bud Light. Mit den Michelob-Bieren, Saisonbieren und regional begrenzt verkauften Bieren hat das Unternehmen sein Sortiment deutlich erweitert.

Michelob
MALT LAGER 5 VOL.-%
Kehrte 2007 zu seinen »Malzwurzeln« zurück. Schmackhaft, würzige Nase, malzig-reiner Mittelteil und trockenspröder Abgang.

Stone Mill Organic Pale Ale
PALE ALE 5,5 VOL.-%
Das biologisch hergestellte Ale schmeckt leicht brotartig und hat einen erdig-hopfigen Charakter.

Anker

Guido Gezellelaan 49,
2800 Mechelen, **BELGIEN**
www.hetanker.be

Eine Brauerei mit einer langen Geschichte, die angeblich bis 1369 zurückreicht. Die neuere Geschichte begann 1873 mit der Übernahme durch die Familie Van Breedam. In den 1990er-Jahren schien das Ende des Klassikers Gouden Carolus nahe, doch die Marke kam noch auf Erfolgskurs: 2004 erhielt das Gouden Carolus Christmas beim World Beer Cup eine Silbermedaille.

Gouden Carolus Classic
STRONG DARK ALE 8,5 VOL.-%
Gebraut mit dunklen Malzen, daher Aromen von Rosinen in Portwein. Ein typisch belgisches Starkbier.

Gouden Carolus Christmas
STRONG DARK ALE 10,5 VOL.-%
Aromen von Rosinen und Melasse wie beim Classic, aber deutlicher erkennbarer Alkohol.

Ankerbräu Nördlingen

Ankergasse 4, 86720 Nördlingen,
DEUTSCHLAND
www.ankerbrauerei.de

Die Geschichte der Brauerei lässt sich bis ins Jahr 1608 zurückverfolgen, als in Nördlingen für ein Fest gebraut wurde. Ende des 19. Jh. übernahm die Familie Grandel die Brauerei.

BRAUGEHEIMNIS: Die Biere werden mit Malz aus der Region, mit Wasser aus dem Nördlinger Ries und mit Spalter Hopfen gebraut.

Lager Hell
LAGER 5 VOL.-%
Aromatisches, hell strohfarbenes Bier; ansprechender, voller Körper mit delikatem Aroma zu Beginn.

Nördlinger Premium Pils
PILSNER 4,7 VOL.-%
Das florale Hopfenaroma wird auf der Zunge leicht bitter und prickelnd.

Antares

17 Esquina 71, La Plata - P de Bs As, 7600, **ARGENTINIEN**
www.cervezaantares.com.ar

Antares in Mar del Plata hebt sich deutlich von der Konkurrenz ab, da es eine willkommene Abwechslung zu den Bieren internationaler Brauereikonzerne bietet. Zum Sortiment gehören ein Kölsch, ein Scotch Ale, ein Honigbier, ein Cream Stout, ein Barley Wine und ein Imperial Stout.

Antares Kölsch
KÖLSCH 5 VOL.-%
Ein gut gehopftes und süffiges Bier. Durch die fruchtigen Obertöne ist es ein idealer Begleiter zum Essen.

Antares Stout Imperial
IMPERIAL STOUT 8,5 VOL.-%
Intensive Aromen von Lakritz und Toast, gefolgt von Kaffee und karamellisierter Orange.

Apatinska Pivara

Trg Oslobodenja 5, Apatin,
25260, **SERBIEN**
www.jelenpivo.com

Die größte Brauerei in Serbien und in den Balkanstaaten gehört heute zu StarBev und kontrolliert 46 % des heimischen Marktes. Die Donaustadt Apatin liegt in der fruchtbaren Vojvodina. Urkunden belegen, dass hier schon 1756 Bier gebraut wurde.

Jelen Pivo
LAGER 5 VOL.-%
Hellgelb mit dünnem Schaum. Anklänge an Gras und Getreide, dabei Hopfen- und Malzaromen.

Apatinsko Pivo
LAGER 5 VOL.-%
Ein frisch schmeckendes Bier mit blumigen Noten und Aromen von Zitrusfrucht.

Arcadia

103 West Michigan Avenue,
Battle Creek, Michigan 49017, **USA**
www.arcadiaales.com

Nach dem Vorbild von Peter Austin braut Arcadia Ales im britischen Stil und mit britischen Malzsorten, allerdings werden Hopfensorten aus dem Pazifischen Nordwesten mit kiefern- und zitrusartigen Aromen verwandt. Ringwood-Hefe verleiht einen frischen Charakter. Vor allem die Fassbiere sind zu empfehlen.

London Porter
PORTER 7,2 VOL.-%
Üppige Nase mit Noten von Kaffeebohnen, Schokolade und dunklen Früchten; dessertartiger Nachklang.

Scotch Ale
SCOTTISH ALE 7,5 VOL.-%
Nuss- und kiefernähnliche Aromen sind hier nicht völlig ausbalanciert. Der letzte Eindruck ist der von süßem Karamell.

Arco

Schlossallee 1, 94554 Moos,
DEUTSCHLAND
www.arcobraeu.de

Die Brauerei war 450 Jahre im Besitz der Grafen Arco-Zinneberg. Das Schloss und die Brauerei gehören nach wie vor der Familie. Sie befinden sich in Moos, einer kleinen Stadt im Herzen von Niederbayern, wo die Isar in die Donau fließt. Graf Arco persönlich sorgte 2004 für die Einführung der Biere auf dem US-amerikanischen Markt.

Schloss Hell
LAGER 4,9 VOL.-%
Ein typisch bayerisches Lagerbier: im Geschmack vollmundig-weich, goldfarben.

Urfass
LAGER 5,2 VOL.-%
Etwas bitterer als das Schloss Hell, dabei würzig – ein echtes Premium Lager aus Bayern.

A

Asia Pacific Breweries

459 Jalan Ahmad Ibrahim,
639934 **SINGAPUR**
www.tigerbeer.com

Die »AP«-Biere sind fast überall in Asien erhältlich und werden in sieben Ländern gebraut. Das bekannteste Bier ist das Tiger. Es stammt aus den 30er-Jahren und wurde mit dem Slogan »Time for a Tiger« vermarktet, der auch Titel eines Romans des britischen Schriftstellers Anthony Burgess wurde.

Tiger
LAGER 5 VOL.-%
Ein erfrischendes, goldfarbenes Lagerbier. Normalerweise wird es sehr kalt serviert.

ABC Extra Stout
STOUT 8 VOL.-%
Ein starkes, aber gut trinkbares Bier. Robuste Nase, im Geschmack Kaffee und Schokolade.

Auer

Münchener Str. 80, 83022 Rosenheim, **DEUTSCHLAND**
www.auerbraeu.de

Zwischen 1887 und 1920 erwarb Johann Auer Ländereien und mehrere Brauereien rund um die Stadt Rosenheim südöstlich von München. Seither ist das Unternehmen deutlich gewachsen.

BRAUGEHEIMNIS: Bei ihrer Gründung war AuerBräu eine der modernsten Brauereien in Bayern.

Bajuwaren Dunkel
DUNKEL 5,5 VOL.-%
Dieses nach traditioneller Methode gebraute Bier hat malzige Aromen und einen körperreichen Charakter.

Weizenbock
WEIZENBOCK 7 VOL.-%
Eine starke, würzige Bierspezialität. Passt gut zu deftigen Käsesorten oder süßen Desserts.

Augustiner

Landsberger Str. 31–35,
80339 München, **DEUTSCHLAND**
www.augustiner-braeu.de

Augustiner-Bräu wurde 1328 gegründet und ist damit die älteste Brauerei in München – und neben Hofbräu die einzige, die keinem der internationalen Baugiganten gehört. Das heutige Gebäude stammt von 1885. Die Brauerei wurde weltweit bekannt, obwohl sie keine Werbung macht.

Edelstoff
EXPORT 5,6 VOL.-%
Die ungewöhnliche dunkelgoldene Farbe zeigt den ungewöhnlichen Charakter des Biers. Süß, deutliche Hopfennoten, übergehend in einen stark malzbetonten Nachklang.

Weißbier
WEIZENBIER 5,4 VOL.-%
Körperreich, goldfarben und trüb; Zitrusnoten, Nachklang leicht bitter.

August Schell

1860 Schell Road, New Ulm,
Minnesota 56073, **USA**
www.schellsbrewery.com

Die Brauerei ist seit ihrer Gründung durch August Schell 1860 in Familienbesitz. Mit ihren Ziergärten ist sie vielleicht die am schönsten gelegene Brauerei in den USA. Seit 2002 produziert die Brauerei das legendäre Grain Belt Premium und rettete damit eines der Wahrzeichen von Minnesota vor dem Untergang.

Caramel Bock
BOCK 5,6 VOL.-%
In der Nase üppiger Karamell, am Gaumen Rum. Nach dem Abgang bleibt ein Eindruck von Süße.

Schmaltz Alt
ALTBIER 5 VOL.-%
Raffinierte Kombination von Keks und Schokolade, ausbalanciert durch milde, leicht würzige Hopfennoten und Bitterkeit.

Au in der Hallertau

Schlossbrauerei Au in der Hallertau, Schlossbräugasse 2, 84072 Au, **DEUTSCHLAND**
www.auer-bier.de

Au liegt im Herzen der Hallertau, Deutschlands größtem Hopfenanbaugebiet. Die urkundliche Nennung des ersten Hofbraumeisters Schweiger stammt aus dem Jahr 1590. Seit 1846 befindet sich die Brauerei im Besitz der Freiherren Beck von Peccoz. Heute zeichnet sie sich durch modernes Management und zeitgemäße Technik aus.

Hopfengold
EXPORT 5 VOL.-%
Goldfarben, vollmundiger Geschmack mit feinen Hopfenbitternoten und reinem Malz. Nachklang nicht zu süß.

Holledauer Leichtes
WEIZENBIER 3,3 VOL.-%
Ein strohfarbenes, trübes Weizenbier, frisch und leicht prickelnd; im Geschmack nicht zu schwer, mit leicht bitterem Nachklang.

Avery

5763 Arapahoe Avenue, Boulder,
Colorado 80803, **USA**
www.averybrewing.com

Avery Brewing liegt in einem Gewerbegebiet in der Nähe der Rocky Mountains und ist bekannt für seine hopfenbetonten und seine erstaunlich starken Biere (manche sind auch beides). Darunter ist ein Trio, das den Spitznamen »Demons of Ale« trägt und einen durchschnittlichen Alkoholgehalt von 15 Vol.-% aufweist.

India Pale Ale
INDIA PALE ALE 6,3 VOL.-%
Ölige Nase; Kiefer, Grapefruit und Orange in Duft und Geschmack. Unverhältnismäßig bitter.

Salvation
BELGISCHES STRONG GOLDEN ALE 9 VOL.-%
Fleischige Früchte (Aprikosen) mischen sich mit süß-würzigen Düften und Aromen. Anklang an Honig.

Ayinger

Zornedinger Str. 1, 85653 Aying,
DEUTSCHLAND
www.ayinger.de

Die Brauerei wurde 1876 von Johann Liebhard in Aying gegründet – zu einer Zeit, als es etwa 6000 Brauereien in Bayern gab. Heute sind nur noch 700 übrig geblieben. Aying überlebte und erlangte nach der Renovierung 1999 durch die Familie Inselkammer größere Bekanntheit.

Jahrhundertbier
EXPORT 5,5 VOL.-%
Honigartige Aromen mit leichten, floralen Hopfennoten gehen in einen harmonischen Nachklang über.

Celebrator
DOPPELBOCK 6,7 VOL.-%
Der Geschmack dieses starken, fast schwarzen Biers wird durch Malz dominiert. Es ist weniger süß als vergleichbare Doppelbockbiere.

Baird Brewing

9-4 Senbonminato-cho, Numazu City,
Shizuoka 410-0845, **JAPAN**
www.bairdbeer.com

Die Brauerei wurde 2001 von dem aus Ohio stammenden Bryan Baird und seiner Frau Sayuri gegründet und gilt als die beste Brauerei in Japan. Das Sortiment besteht aus sechs Bieren, später kam noch ein Weizenbier dazu. Unlängst haben die Bairds eine Kneipe in Tokio eröffnet.

Rising Sun Pale Ale
PALE ALE 5 VOL.-%
Ein hervorragendes Pale Ale, gebraut mit britischem Maris Otter Malz und amerikanischem Hopfen.

Angry Boy Brown Ale
BROWN ALE 6,2 VOL.-%
Ein komplexes und starkes Brown Ale mit vielschichtigem Geschmacksprofil; üppiger Nachklang.

Le Baladin

Piazza V Luglio 15,
12060 Piozzo (CN), **ITALIEN**
www.birreria.com

Der charismatische Pionier Teo Musso ist international als einer der erfindungsreichsten Brauer der Welt bekannt. Einige seiner Biere werden mit Wein- bzw. Whiskyhefen gebraut. Zu seinen Kreationen gehören Biertrüffel.

BRAUGEHEIMNIS: Musso spielt den Hefen während des Gärens Musik vor – er glaubt, dass sie darauf reagieren.

Xyauyù
BARLEY WINE 12 VOL.-%
Aromen wie bei einem Whisky. Ein seidiges »Gute-Nacht-Bier« – ein Meisterwerk.

Nora
GEWÜRZBIER 6,8 VOL.-%
Gebraut nach einem altägyptischen Rezept mit Kamut, Ingwer und Myrrhe. Die Bitterkeit stammt von äthiopischem Harz.

Baltika

6 Proezd, Parnas 4,
St Petersburg, **RUSSLAND**
www.eng.baltika.ru

In den letzten zehn Jahren hat es zahlreiche Veränderungen gegeben. Baltika erlebte einen rasanten Aufschwung und ist heute die größte Brauerei des Landes. Sie produziert die Marken Baltika und Arsenalnoye. Sieben von zehn gekauften Bieren im Land stammen von Baltika, und die Brauerei exportiert in 46 Länder.

Baltika No 3 Classic
LAGER 4,8 VOL.-%
Malzige Nase, gefolgt von einem bitteren Nachklang. In Russland überall erhältlich.

Baltika No 6 Porter
PORTER 7 VOL.-%
Dunkel geröstetes Malz, im Geschmack Aromen von Schokolade und Melasse, überlagert von einem gut gehopften Nachklang.

Barley

Via C. Colombo, 09040 Maracalagonis (CA), Sardinia, **ITALIEN**
www.barley.it

Der erfahrene Heimbrauer Nicola Perra gründete seine Mikrobrauerei 2006 im Süden von Sardinien – eine echte Herausforderung, denn nirgendwo sonst in Italien wird so viel billiges Lagerbier getrunken.

BRAUGEHEIMNIS: Perra braut mit regionalen Zutaten wie Bio-Honig und Sapa (16 Stunden gekochter Traubenmost).

Toccadibò
BELG. GOLDEN STRONG ALE 8,4 VOL.-%
Ein wärmendes, würziges Bier, hopfenbetont und trocken mit faszinierendem Bittermandel-Aroma.

BB 10
BARLEY WINE 10 VOL.-%
Ein einzigartiges Bier, gebraut mit Sapa (s. o.) aus Cannonau-Trauben. Ein ganz besonderer Schlaftrunk.

Barons

1 Moncur Street, Woollahra,
New South Wales 2025,
AUSTRALIEN
www.baronsbrewing.com.au

Barons ist ein Newcomer und eine der am schnellsten wachsenden Brauereien auf dem Sektor der Craft Breweries. Heute hat die Brauerei neue Exportmärkte in Russland und den USA im Blick.

BRAUGEHEIMNIS: Barons braut mit Zutaten »aus dem Busch« wie Flechtensamen und Zitronenmyrte.

Lemon Myrtle Witbier
WITBIER 5 VOL.-%
Mäßig viel Kohlensäure, am Gaumen viel Limette und Anklänge an Gewürz; frischer, sauberer Nachklang.

Black Wattle Original Ale
AMBER ALE 5,8 VOL.-%
Cremiges Mundgefühl, malzbetont, Anklänge an geröstete Nüsse, Schokolade und Milchkaffee.

Bateman

Wainfleet, Lincolnshire,
PE24 4JE, **ENGLAND**
www.bateman.co.uk

Bateman ist eine der ältesten und schönsten Familienbrauereien, überragt von einer Windmühle. Familiäre Zwistigkeiten sorgten in den 80er-Jahren geschäftlich für Turbulenzen, doch das Unternehmen überwand diese Krise. Inzwischen gibt es ein neues Sudhaus und ein interessantes Besucherzentrum.

Batemans XXXB
STRONG BITTER 4,8 VOL.-%
Ein rötlich braunes Ale mit einer gelungenen Mischung von Malz- und Hopfenaromen sowie Frucht.

Batemans XB Bitter
BITTER 3,7 VOL.-%
Gut ausgewogen; die an Apfel erinnernden Hopfennoten bleiben neben dem malzigen Geschmack bestehen.

Bath Ales

Warmley, Bristol,
BS30 8XN, **ENGLAND**
www.bathales.com

Bath Ales wurde 1995 gegründet und ist bekannt für charaktervolle, hocharomatische Ales. Sie sind das Ergebnis großer Erfahrung, der Pflege traditioneller Brauweisen und innovativer Technologien. Die Brauerei ist so erfolgreich, dass sie seit ihrer Gründung zweimal vergrößert werden musste. Weitere Neuerungen sind eine neue Abfüllanlage sowie ein Geschäft.

Bath Ales Gem
BEST BITTER **4,1** VOL.-%
Üppige, dichte Textur; durchgehend Malz, Frucht und bittersüßer Hopfen.

Special Pale Ale (SPA)
PALE ALE **3,7** VOL.-%
Ein markantes Hopfenaroma und bittermalzige Anklänge ergänzen den leichten Körper dieses Biers.

Bathams

Brierley Hill, West Midlands,
DY5 2TN, **ENGLAND**
www.bathams.com

Über der Tür des zur Brauerei gehörenden Pubs Vine Inn ist ein Zitat aus Shakespeares *Zwei Herren aus Verona* zu lesen: »Sei gepriesen, du braust gutes Ale.« Seit der Gründung der Brauerei 1877 ist heute die fünfte Generation am Zug, und jede hat dazu beigetragen, den guten Ruf der klassischen, milden Black-Country-Ales zu mehren.

Bathams Best Bitter
BEST BITTER 4,5 VOL.-%
Ein strohfarbenes Ale, im Antrunk süß, bevor sich rasch komplexe, herbe Hopfenaromen durchsetzen.

Bathams Mild Ale
MILD 3,5 VOL.-%
Ein fruchtiges, dunkelbraunes Mild Ale; süßlich, gut ausgewogen, im Nachklang Hopfen und Frucht.

Bavik

Rijksweg 33, 8531 Bavikhove – Harelbeke, **BELGIEN**
www.bavik.be

Die Brauerei, zu der auch einige Kneipen gehören, wird heute in der vierten Generation von der Familie De Brabandere betrieben.

BRAUGEHEIMNIS: Abteibiere und Pilsener machen einen Großteil der Gesamtproduktion aus (vor allem für die Supermärkte), interessanter sind aber die Oud-Bruin-Biere.

Petrus Oud Bruin
OUD BRUIN 5,5 VOL.-%
Dieses weinartige Bier reift in riesigen Holzfässern, die die Brauerei kürzlich angeschafft hat.

Petrus Aged Pale
OUD BRUIN 7,3 VOL.-%
Helles Bier in neuen Fässern, das mehrere Jahre reift, um seine säuerlichen Fruchtnoten zu entwickeln.

Bayern Meister Bier

1254-1 Kawaharabata,
Inouede-aza, Fujinomiya City,
Shizuoka 418-0103, **JAPAN**
www.bmbier.com

Ursprünglich wollte Braumeister Stefan Rager nur in verschiedenen Mikrobrauereien in Japan arbeiten, die nach 1995 gegründet worden waren. Doch dann gründete er gemeinsam mit seiner japanischen Frau diese Boutique-Brauerei, wo er deutsche Biere braut. Zu den treuesten Kunden zählt die Deutsche Botschaft in Tokio.

Prinz Pils
PILSNER 5,5 VOL.-%
Hell gelbfarben, im Mund weich, wenig Kohlensäure. Subtile, hervorragend ausgewogene Aromen.

Amadeus Doppelbock
DOPPELBOCK 8 VOL.-%
Dunkel rötlich-braun mit Aromen von Kaffee, Toffee und Karamell. Anklänge an Obstkuchen mit Rum.

Bear Republic

345 Healdsburg Avenue, Healdsburg,
California 95448, **USA**
www.bearrepublic.com

Der Brewpub von Bear Republic liegt mitten im Weinanbaugebiet Sonoma County und bietet Weintouristen eine Abwechslung der besonderen Art. Braumeister und Gründer (und Feuerwehrmann und Rennfahrer) Richard Norgrove geht beim Einsatz von Hopfen ebenso geschickt vor wie die Winzer beim Verschneiden.

Racer 5
INDIA PALE ALE 7 VOL.-%
Schön frisches Aroma von Grapefruit und Ananas auf Basis eines harzigen, malzigsüßen Mittelteils.

Hop Rod Rye
IMPERIAL INDIA PALE ALE 8 VOL.-%
Klarer Zitrusduft in der Nase mit scharfem Alkohol. Raffinierte Mischung von Keks und reinem Roggen. Durchgehend hopfig.

Beba

Viale Italia 11,
10069 Villar Perosa (TO), **ITALIEN**
www.birrabeba.it

Die Brüder Alessandro und Enrico Borio brauen in ihrer 1996 gegründeten Mikrobrauerei in der Nähe von Turin eine breite Palette von Lagerbieren. In dem zur Brauerei gehörenden Gasthaus bekommt man sämtliche Beba-Biere vom Fass und dazu hervorragende Gerichte aus der Region.

Motor Oil
STARKES DUNKLES LAGER 8 VOL.-%
Ebenholzfarben mit kräftigen Noten von Lakritz und Röstkaffee; langer, bitterer Nachklang. Ebenso viskos, wie es der Name suggeriert.

Talco
ROGGENBIER 4,2 VOL.-%
Ein Saisonbier aus Roggen und Weizen. Ein guter Durstlöscher.

Bell's

8938 Krum Avenue, Galesburg,
Michigan 49053, **USA**
www.bellsbeer.com

Die einzige überlebende Mikrobrauerei westlich von Colorado. Bell's (früher Kalamazoo Brewing) ist seit der Gründung 1985 um das 700-Fache gewachsen. Bell's ließ eine neue Brauanlage bauen, wobei die ursprüngliche Kalamazoo-Brauerei sowie das Eccentric Café erhalten blieben. Bell's Biere sind berühmt für ihren intensiven Geschmack, obwohl das führende Produkt der Brauerei ein Weizenbier ist.

Expedition Stout
IMPERIAL STOUT 11,5 VOL.-%
Zunächst intensive Aromen von Feigen und Pflaumen, übergehend in Schokolade, gerösteten Kaffee und Port.

Oberon Ale
WEIZENBIER 5,8 VOL.-%
Gute Erfrischung im Sommer. Herb, Duft nach Orangenschale bei delikater Würze. Spröder, herber Nachklang.

Bere Romania

Str. Manastur Nr. 2-6, Cluj Napoca, **RUMÄNIEN**
www.sabmiller.com

Die Brauerei existiert seit 1878 und ist heute eine Tochtergesellschaft der SABMiller. Die Hauptmarke Ursus wird als »King of Romanian Beers« vermarktet. In Cluj (Klausenburg) findet jedes Jahr im September ein Bierfestival statt.

BRAUGEHEIMNIS: Für diese Biere wird bayerische Hefe verwendet.

Ursus Premium Pils
PILSNER 5,2 VOL.-%
Viel Kohlensäure, malzige Aromen, Anklänge an frischen Hopfen und Brot; zitronenartiger Nachklang.

Timisoreana
LAGER 5 VOL.-%
Ein süffiges Bier, das die Sinne nicht wirklich herausfordert. Gebraut nach einem Rezept von 1718.

Berg

Berg Brauerei Ulrich Zimmermann,
Brauhausstr. 2, 89548 Ehingen-Berg,
DEUTSCHLAND
www.bergbier.de

Die Berg Brauerei wurde 1757
gegründet. Sie ist im Besitz der
Familie Zimmermann und gehört
zu den kleinsten Brauereien in
Deutschland.

BRAUGEHEIMNIS: Die Berg Brauerei
braut auch mit Mais, der von einem Bio-
Bauernhof in der Nähe stammt.

Berg Original
LAGER 4,8 VOL.-%
Aufgrund seines weichen, trockenen
Geschmacks ist dies das beliebteste Bier
der Brauerei.

Berg Märzen
MÄRZEN 6,1 VOL.-%
Ein typisches Starkbier. Sehr deftig im
Geschmack, nicht zuletzt aufgrund der
üppigen Hopfenmenge.

Bergquell

Weststr. 7, 02708 Löbau,
DEUTSCHLAND
www.bergquell-loebau.de

Die Bergquell-Brauerei Löbau kann auf eine lange Tradition zurückblicken und spielt seit 1846 in der Lausitz eine bedeutende Rolle. Sie gehört zu den fortschrittlichsten Brauereien in Deutschland und ist bekannt für ihre zahlreichen Spezialbiere.

BRAUGEHEIMNIS: Die Bergquell-Brauerei Löbau ist international für ihre Biermischgetränke bekannt.

Kirsch Porter
PORTER 4,2 VOL.-%
Ein Lausitzer Porter mit Kirschgeschmack. Malzig und körperreich, wie es für ein Porter typisch ist.

Lausitzer Porter
PORTER 4,4 VOL.-%
Ein typisches Porter mit herbem Geschmack nach Röstmalz. Dunkel, körperreich und nicht zu schwer, leicht süß.

Berkshire

12 Railroad Street South, Deerfield,
Massachusetts 01373, **USA**
www.berkshirebrewingcompany.com

Die lokale Brauerei im westlichen Massachusetts, deren Biere inzwischen auch in Boston immer häufiger zu finden sind. Sie vertreibt nahezu alle Biere selbst und verbürgt sich für die Frische und fein ausgewogene Komplexität ihrer Produkte.

BRAUGEHEIMNIS: Dieses Bier ist nicht gefiltert. Es muss kühl gelagert werden.

Drayman's Porter
PORTER 6,2 VOL.-%
Kaffeeähnliche Aromen, komplexer Mittelteil (Schokolade und Toffee), angenehm bitterer Nachklang.

Raspberry Strong Ale
FRUCHTBIER 9 VOL.-%
Mit frischen Beeren gebraut, kommt zum Valentinstag in den Handel. Gelegentlich wird es auch »Wahrhaftigkeitsserum« genannt.

Berliner Kindl-Schultheiss

Indira-Ghandi-Str. 66–69,
13053 Berlin, **DEUTSCHLAND**
www.berliner-kindl.de

Der Zusammenschluss der Brauereien Berliner Kindl und Berliner Schultheiss 2006 zeugt von den Schwierigkeiten, in die viele Brauereien durch die deutsche Teilung geraten waren. Nach der Fusion kamen zahlreiche neue Biere auf den Markt, die in einer der modernsten deutschen Brauereien hergestellt werden.

Märkischer Landmann
SCHWARZBIER 4,9 VOL.-%
Schwarz und sehr malzbetont, aber nicht bitter. Ein echtes Original aus der Mark Brandenburg.

Bockbier
BOCK 7 VOL.-%
Goldfarben, stark und nicht zu süß; angenehm mit weichem Nachklang – ein typisches Bockbier.

Bernard

5 Května č.1, 396 01 Humpolec,
TSCHECHISCHE REPUBLIK
www.bernard.cz

Im Jahr 1991 übernahm Stanislav Bernard mit zwei Partnern die Brauerei in Humpolec, die aus dem 16. Jh. stammt. Sie trafen die mutige Entscheidung, traditionelle unpasteurisierte und mikrofiltrierte Biere zu brauen. Inzwischen produziert Bernard auch für den Export.

BRAUGEHEIMNIS: Bernard verfügt über eine eigene Tennenmälzerei.

Celebration / Sváteční Ležák
PREMIUM LAGER 5 VOL.-%
Delikate, kräuterartige Hopfen- und Hefearomen überlagern pfeffrige Bitterkeit, grasige Noten im Nachklang.

Amber / Jantarový Ležák
LAGERBIER 4,4 VOL.-%
Mit Karamellmalz gebraut, das für nussige Bitterkeit sorgt, ausgeglichen durch Toffeearomen und Honig.

Big Sky

5417 Trumpeter Way, Missoula,
Montana 59808, **USA**
www.bigskybrew.com

Die Produkte der Brauerei sind ausgezeichnete Ales mit pfiffigen Namen (einer musste vor Gericht gegen die kanadische Brauerei Moosehead durchgesetzt werden) und ansprechenden Etiketten. Big Sky wuchs schnell und verkauft seine Biere von Alaska bis hin nach Minnesota – v. a. das Brown Ale.

Moose Drool
BROWN ALE 5,3 VOL.-%
Dunkle Früchte und Nüsse, gemischt mit Schokolade; die Süße wird durch erdige Hopfennoten abgeschwächt. Schokoladig, mit mittlerem Körper.

Scape Goat Pale Ale
PALE ALE 4,7 VOL.-%
Im Mund Keks, Früchte und Gewürz; mäßige Bitterkeit. Kurzer, trockener Nachklang.

Birrificio Italiano

Via Castello 51, 22070 Lurago Marinon (CO), **ITALIEN**
www.birrificio.it

Agostino Arioli gründete seine berühmte Gasthausbrauerei 1994 gemeinsam mit seinem Bruder und mit Freunden. Sein Pils und sein Bockbier erreichten schnell Kultstatus. Arioli braut mehrere Saisonbiere, z. B. ein sprudelndes Bier aus schwarzen Johannisbeeren und ein fassgereiftes Bier mit Zimt und Ingwer. Im Restaurant kann man hervorragend essen und Livemusik hören.

Scires
KIRSCHBIER 7 VOL.-%
Ein fantastisches saures Bier, gebraut mit Vignola-Kirschen, Milchsäurebakterien, wilder Hefe und Holzchips.

Fleurette
AROMATISIERTES BIER 3,7 VOL.-%
Gebraut aus Gerste, Weizen und Roggen, aromatisiert mit Rosen und Veilchen, Holundersaft, schwarzem Pfeffer und Zitronenhonig.

Bischoff

Wellerhof, 50321 Brühl,
DEUTSCHLAND
www.bischoff-koelsch.de

Die Brauerei wurde Anfang der 1960er-Jahre in einem der Gebäude des Weilerhofes in Brühl (nahe Köln) gegründet. Urkunden belegen, dass das Gelände schon zur Zeit der Römer besiedelt war.

BRAUGEHEIMNIS: Kölsch ist eine Spezialität aus Köln bzw. aus dem Kölner Umland. Üblicherweise wird es in schmalen, hohen Gläsern serviert.

Bischoff Kölsch
KÖLSCH 4,9 VOL.-%
Hell goldfarben; frisch und mild; leichte Hopfennoten.

Radler
BIERMISCHGETRÄNK 2,5 VOL.-%
Hell goldfarben, Aroma von Zitronensprudel. Spritzig und sehr erfrischend.

Bischofshof

Heitzerstr. 2, 93049 Regensburg,
DEUTSCHLAND
www.bischofshof.de

Die Brauerei wurde 1649 von Fürstbischof Wilhelm Graf von Wartenberg in unmittelbarer Nähe zum Regensburger Dom gegründet, ihre Wurzeln reichen aber bis ins 13. Jh. zurück. Anfang des 20. Jh. expandierte die Brauerei und bezog neue Gebäude. Die heutige Brauanlage ist eine der modernsten überhaupt.

Hefe-Weißbier Hell
WEIZENBIER 5,1 VOL.-%
Eine traditionelle bayerische Spezialität: frisch, klar, schäumend und leicht süß – aber sehr angenehm.

Bischofshof Pils
PILSNER 5,1 VOL.-%
Cremefarbener Schaum, zu Beginn leicht und prickelnd. Schön bitter; leichte Aromen von delikatem Hopfen.

Bitburger

Römermauer 3, 54634 Bitburg/ Eifel,
DEUTSCHLAND
www.bitburger.de

Die Brauerei Bitburger wurde 1817 gegründet und ist auf Pilsener spezialisiert. Sie ist durch das Sponsoring von Sportveranstaltungen international bekannt und gilt gemeinhin als die beste Brauerei für Pilsener vom Fass.

BRAUGEHEIMNIS: Bei Bitburger wird mit zweizeiliger Sommergerste gearbeitet. Einmalig in Deutschland ist die Testanlage der Brauerei.

Premium Pils
PILSNER 4,8 VOL.-%
Ein klares Pilsener, das leicht bitter schmeckt; weich, dabei herb. Vom Fass ist es frisch und elegant.

Bitburger Light
PILSNER 2,8 VOL.-%
Der leichte Bruder des Premium Pils. Voller Körper trotz der nur 2,8 Vol.-%., frischer Fassgeschmack.

Black Sheep

Masham, North Yorkshire,
HG4 4EN, **ENGLAND**
www.blacksheepbrewery.com

Die Familie Theakston braut bereits in der sechsten Generation in Masham (North Yorkshire). Nach dem Verkauf der Brauerei zog sich Paul Theakston zurück, um 1992 in einer ehemaligen Mälzerei oberhalb des River Ure die Brauerei Black Sheep zu gründen. Bis 2006 hat sich Kapazität bereits verdoppelt.

BRAUGEHEIMNIS: Der Charakter der Black-Sheep-Biere wird wesentlich durch viel Golding Hopfen bestimmt.

Black Sheep Ale
BITTER 4,4 VOL.-%
Hocharomatisch: üppig-fruchtiger Duft, im Geschmack bittersüß und malzig; langer, trockener Abgang.

Riggwelter
PREMIUM BITTER 5,9 VOL.-%
Kräftig, komplex, fruchtig-bitter, dabei Spritzer von Birne und Anklänge an Lakritz.

Blaugies

Rue de la Frontière 435,
7370 Dour-Blaugies, **BELGIEN**
www.brasseriedeblaugies.com

Die Brasserie De Blaugies liegt direkt an der Grenze zu Frankreich. Die 1988 gegründete Brauerei wird in zweiter Generation als Familienbetrieb geführt. Das Ziel von De Blaugies ist die Produktion regionaltypischer Biere, doch dabei entstehen oft sehr ungewöhnliche Sorten.

La Moneuse
SAISONBIER 8 VOL.-%
Ein bodenständiges, würziges Bier: viel Hefe, viele Ester, sehr stark, metallischer Geschmack.

Bière Darbyste
SAISONBIER 5,4 VOL.-%
Feigensaft? Die alkoholische Variante des alkoholfreien Yesteryear. Nur süß, wenn es kalt ist.

Blonder Sörgyar

Futca 9 Vonyarcvashegy, **UNGARN**
www.blonder.hu

Eine der wenigen Mikrobrauereien, die in den letzten Jahren in Ungarn gegründet wurden. Sie liegt in der Nähe des Plattensees, des größten Sees in Mitteleuropa. Auf dem Brauereigelände wird nicht nur Bier gebraut, sondern es gibt dort auch Übernachtungsmöglichkeiten sowie ein Restaurant. Die Gerichte sind typisch ungarisch – gesund und gute Begleiter zu den Bieren.

Világos
LAGER 5,6 VOL.-%
Dieses gelbfarbene Bier ist kräftig und getreidig und weist eine deutliche Süße auf. Es ist vielleicht etwas derb, passt aber gut zur ungarischen Küche.

J. Boag & Son

39 William Street, Launceston,
Tasmania 7250, **AUSTRALIEN**
www.boags.com.au

J. Boag & Son war einst eine schlecht gehende Regionalbrauerei, steht aber seit der Einführung des James Boag's Premium Lager 1994 ganz anders da. Die Brauerei produziert v. a. Lagerbiere, es kamen aber immer wieder sehr gute Ales in limitierter Auflage auf den Markt. Ende 2007 wurde die Brauerei von Lion Nathan aufgekauft.

Wizard Smith's Ale
BITTER ALE 5 VOL.-%
Ein Bier mit solidem Malzrückgrat, Noten von Toffee und würzigem Hopfen, abgerundet durch deutliche Bitterkeit.

Bockor

Kwabrugstraat 5, 8510 Bellegem,
BELGIEN
www.bockor.be

Bockor ist vor allem für seine Jacobins-Biere (spontangärige Fruchtlambics) bekannt. Doch die Brauerei produziert auch ganz andere Biere, z. B. ein Oud Bruin, das vom ehemaligen Chefbrauer Omer Vander Ghinste kreiert wurde. Zurzeit arbeitet Bockor daran, das Sortiment auf Vordermann zu bringen.

Bellegems Bruin
FLÄMISCHES ROTES BIER 5,5 VOL.-%
Ein traditionelles Oud Bruin, das mit einem Lambic verschnitten wurde. Das Resultat ist ein hocharomatisches Bier, das nach Beeren, Holz und etwas nach Milchsäure schmeckt.

Bøgedal Bryghus

Høllundvej 9, 7100 Vejle,
DÄNEMARK
www.boegedal.com

Diese Brauerei ist das einzige kommerzielle Unternehmen weltweit, das ein starkes dänisches Bier wie aus der Zeit vor der Industrialisierung produziert. Zwar wird immer nach demselben Rezept gebraut, doch jedes Gebräu (Bryg) fällt anders aus und erhält deshalb eine Nummer.

BRAUGEHEIMNIS: Bøgedal macht sich beim Brauen die Schwerkraft zunutze.

Brew No. 127
DUNKLES 6,3 VOL.-%
Duft nach Pflaumen und Zitrusfrucht. Mundfüllend und lang anhaltend mit einem rauchigen Nachklang.

Brew No. 121
HELLES 5,9 VOL.-%
Hell bernsteinfarben mit viel Kohlensäure. Aromatisch süß mit Noten von Honig, Zitrusfrucht und Wein.

Boon

Fonteinstraat 65,
1520 Lembeek, **BELGIEN**
www.boon.be

Als die Lambic-Biere 1975 kurz vor dem Untergang standen, übernahm Frank Boon das Programm von De Vit. Viele hielten ihn für verrückt, doch Boon behielt recht: Sein Geschäft floriert noch immer.

BRAUGEHEIMNIS: Die meisten Boon-Biere sind »oud«, d. h., sie werden »im alten Stil« unverfälschter Lambics gebraut.

Geuze Boon Mariage Parfait
GUEUZE 8 VOL.-%
Beim diesem Lieblingsbier des Brauers sind die Lambic-Biere eine »perfekte Ehe« eingegangen.

Boon Oude Kriek
KRIEK 6,5 VOL.-%
Ein ungesüßtes Lambic mit Kirscharoma, was dieses Bier zu einem Genuss für Zunge und Augen macht.

Boon Rawd

999 Samsen Road, Bangkok
10300, **THAILAND**
www.boonrawd.co.th

Boon Rand wurde 1933 von Phraya Bhirom Bhakdi gegründet, der zuvor Deutschland und Dänemark bereist hatte, um alles Notwendige übers Brauen zu lernen. Das Unternehmen gehört bis heute der Familie Bhirom Bhakdi und betreibt insgesamt drei Brauereien in Thailand.

Singha
LAGER 6 VOL.-%
Ein körperreiches, hopfenbetontes Bier, gebraut aus Gerstenmalz. Passt zu scharf gewürzten Gerichten.

Singha Light
LAGER 3,5 VOL.-%
Weniger lebhaft und komplex als das Singha. Hellgelb und im Geschmack etwas blass.

Boscos

Verschiedene Standorte, **USA**
www.boscosbeer.com

Seit 1992 hat die Brewpub-Kette Boscos maßgeblich zur Verbreitung von Kenntnissen zum Thema Bier beigetragen. In den Pubs werden fassgereifte Biere nach englischem Vorbild ausgeschenkt.

BRAUGEHEIMNIS: Bei Boscos werden rot glühende Granitblöcke in die Würze gegeben. Auf diese Weise karamellisiert der darin enthaltene Zucker.

Flaming Stone Beer
STEINBIER 4,8 VOL.-%
Gebraut wie deutsche Steinbiere. Karamell, Toffee und Nüsse. Rauchiger, trockener Nachklang.

Hefeweizen
HEFEWEIZEN 4,8 VOL.-%
Typische Aromen von Kaugummi und Banane in der Nase. Am Gaumen weicher, fruchtiger (Banane) und cremiger, dabei Gewürze.

Bosteels

Kerkstraat 96, 9255 Buggenhout,
BELGIEN
www.bestbelgianspecialbeers.be

Das Unternehmen wird heute von der siebten Generation der Familie Bosteels geführt, die zugleich auch Eigentümerin ist. In den vergangenen Jahren ist die Brauerei auf einigen Gebieten mit der Mode gegangen.

BRAUGEHEIMNIS: Das Tripel Karmeliet, eins der Flaggschiff-Biere der Brauerei, wird aus drei Getreidesorten gebraut: Gerste, Weizen und Hafer.

Tripel Karmeliet
ABBEY TRIPLE 8 VOL.-%
Rauch- und Gewürznoten in der Nase kündigen ein malzbetontes Bier mit Röstcharakter an.

Deus Brut Des Flandres
BELGISCHES STARKBIER 11,5 VOL.-%
Die Flasche ähnelt der eines Dom Pérignon. Das Bier ist trocken und spritzig.

Boulder

2880 Wilderness Place, Boulder,
Colorado 80301, **USA**
www.boulderbeer.com

Boulder Beer ist die erste amerikanische Mikrobrauerei außerhalb von Kalifornien. Die ersten Biere wurden in einem Ziegenstall gebraut. Um an die nötigen Zutaten zu kommen, war die Brauerei auf die Freigebigkeit der in der Nähe ansässigen Großbrauerei Coors angewiesen. Boulder-Biere werden heute fast überall in den USA verkauft.

Planet Porter
PORTER 5,1 VOL.-%
Das erste Bier der Brauerei. Anklänge an dunkle Früchte, die Röstmalz und Bitterkeit überlagern.

Hazed & Infused
PALE ALE 4,85 VOL.-%
Genauso trüb wie versprochen – getragen von einem Bouquet von Zitrusfrucht, Blüten und Gewürzen.

Bourganel

7 avenue Claude Expilly,
07600 Vals les Bains, **FRANKREICH**
www.bieres-bourganel.com

Im Jahr 1997 beschloss der Getränkehändler Christian Bourganel, in Eigenregie handwerklich gebraute Biere aus regional angebauten Zutaten zu entwickeln.

BRAUGEHEIMNIS: Zu den ungewöhnlichen Zutaten gehören Maronen, Heidelbeeren, Nougat und der mit Eisenkraut aromatisierte Likör Verveine du Velay.

Bourganel au Nougat
FLAVOURED LAGER 5 VOL.-%
Ein Bier mit einem unglaublichen Nougat-Bouquet; im Mund Geschmack nach gerösteten Mandeln.

Bourganel aux Marrons
AROMATISIERTES LAGER 5 VOL.-%
Ein bernsteinfarbenes Bier; elegant, sehr fruchtig und erfrischend mit Anklängen an Vanille und auch an Maronen.

Brains

Crawshay Street, Cardiff,
Glamorgan, CF10 1SP, **WALES**
www.sabrain.com

Die Brauerei Brains pflegt regionale Traditionen und ist stolz auf ihr walisisches Erbe. Das Bier wird in der sehenswerten Cardiff Brewery hergestellt, die das Unternehmen im Jahr 2000 bezogen hat. In der Old Brewery ganz in der Nähe wurde mehr als 100 Jahre lang das berühmte Pint of Brains hergestellt.

Brains SA Gold
BEST BITTER 4,2 VOL.-%
Im Duft herrscht eine Mischung von mildem Malz und würzigem Hopfen vor; malzbetonter Geschmack.

Brains Bitter
BITTER 3,7 VOL.-%
Kräftige Bernsteinfarbe; subtile Malz- und knackige Hopfenaromen. Gut ausgewogen, etwas bitter.

Brakspear

Witney, Oxfordshire,
OX28 4DP, **ENGLAND**
www.brakspear.co.uk

Die alteingesessene Brakspear Brewery schloss ihren Betrieb in Henley im Jahr 2002. Brakspear-Biere werden jetzt von der Wychwood Brewery hergestellt.

BRAUGEHEIMNIS: Wychwood arbeitet mit der ursprünglichen Brauanlage von Brakspear und hat auch die hölzernen »Double drop«-Gärbehälter sowie die Hefekulturen übernommen.

Brakspear Bitter
BITTER 3,4 VOL.-%
Im Antrunk malzige und hopfige Bitterkeit, die in einen süßen, fruchtigen Nachklang übergeht.

Brakspear Special
STRONG BITTER 4,3 VOL.-%
Körperreich mit Anklängen an Süße und trockene, hopfige Bitterkeit; im Nachklang Zitrusfrucht.

Brahma

Rua São Cristóvão, 1221,
São Cristóvão, Rio de Janeiro,
BRASILIEN
www.brahma.com

Die Portugiesen brachten das Bier zu Beginn des 19. Jahrhunderts nach Brasilien, aber erst der Schweizer Immigrant Joseph Villager braute 1888 mit Brahma das erste einheimische Bier. Benannt nach einem Hindu-Gott, wurde Brahma zu einem der meistgetrunkenen Biere der Welt. Die Brauerei gehört jetzt zu Anheuser-Busch InBev.

Brahma
LAGER 4,8 VOL.-%
Wenig bitter und leicht zu trinken, mit einem subtilen Fruchtaroma und ohne Nachgeschmack.

Antarctica
LAGER 4,9 VOL.-%
Blass in Farbe, Bitterkeit und Aroma, ist es leicht zu trinken.

Braugold

Schillerstr. 7, 99096 Erfurt,
DEUTSCHLAND
www.braugold.de

Die Brauerei wurde 1822 gegründet und übernahm im Laufe der Jahre andere Brauereien. 1948 wurde sie verstaatlicht und nach der Wiedervereinigung 1990 von der Licher Privatbrauerei aufgekauft.

BRAUGEHEIMNIS: Die Brauer arbeiten weiterhin mit Rezepten der bekannten Thüringer Brauerei.

Braugold Spezial
PILSNER 4,9 VOL.-%
Mit der typischen goldenen Farbe und Herbheit eines Pilseners. Hocharomatisch mit ausgewogener Hopfenbitterkeit am Gaumen.

Braugold Bock
BOCK 6,5 VOL.-%
Hat das typische ausgewogene Bitteraroma und den kräftigen Geschmack eines Bockbiers.

Brewer's Art

1106 N. Charles Street, Baltimore,
Maryland 21201, **USA**
www.thebrewersart.com

Untergebracht in einem Gebäude aus dem Jahr 1902 in der Nähe des Mount Vernon. Man kann sich dort belgisch inspirierte Hausbiere und eine hervorragende Auswahl an mitteleuropäischen Bieren (besonders aus Belgien) servieren lassen. Seit Kurzem lässt Brewer's Art auch in Pennsylvania unter Vertrag brauen.

Green Peppercorn Tripel
TRIPLE 10 VOL.-%
Sprudelnd; mit Früchten, Gewürz und etwas Bonbon-Süße, dabei milder Pfeffer. Trockener Nachklang.

Resurrection
DOUBLE 7 VOL.-%
Karamell und dunkle Früchte, dazu Zitrusnoten. Die Hefe der ersten Gärung ist für die zweite »wiederauferstanden« – daher der Name.

BridgePort

1313 Northwest Marshall Street,
Portland, Oregon 97209, **USA**
www.bridgeportbrew.com

BridgePort Brewing ist Eigentümer der Marke Oregon's Oldest Craft Brewery. Das India Pale Ale der Brauerei setzte Maßstäbe dafür, was ein Bier aus dem Nordwesten der USA ausmacht. Jeder Old Knucklehead, ein saisonal hergestellter Barley Wine, ist einer Persönlichkeit vor Ort gewidmet.

India Pale Ale
INDIA PALE ALE 5,5 VOL.-%
Schon im Antrunk Zitrusnoten. Kräftiges Malzrückgrat, Pfirsiche und Äpfel. Hopfenbetonter Nachklang.

Black Strap Stout
STOUT 6 VOL.-%
Üppige Mischung von unraffinierter Melasse, Schokolade und Kaffee, die in bittere Röstnoten übergeht.

Brinkhoff

Lütgendortmunder Hellweg 242,
44388 Dortmund, **DEUTSCHLAND**
www.brinkhoffs.de

Nach den bescheidenen Anfängen 1844 als kleine Heimbrauerei kann Brinkhoff heute auf eine mehr als 160-jährige Erfolgsgeschichte zurückblicken. Man kennt die Marke weit über ihre Heimatstadt Dortmund hinaus. Biertrinkern, die gern Pils mögen, ist Brinkhoff's No. 1 natürlich ein Begriff.

Brinkhoff's No. 1
PILSNER 5 VOL.-%
Die typischen bitteren Pilsaromen sind erkennbar. Das Bier ist weich, leicht prickelnd und hellgelb.

Brinkhoff's Radler
BIERMISCHGETRÄNK 2,5 VOL.-%
Honigfarben, schäumend, angenehme Zitrusaromen. Sehr erfrischend, nicht zu süß.

BIERTOUR
OREGON, USA

Die Craft-Bier-Kultur in Oregon wird auch gern »Bierwana« genannt. Man könnte wochenlang unterwegs sein, ohne zweimal dasselbe Bier zu trinken. Unsere Tour beginnt in der Küstenstadt Newport, wo die Rogue Ales beheimatet ist. Am nächsten Tag geht es mit Zwischenstopps weiter Richtung Portland. Die Tour endet mit einem ganzen Tag in »Rose City« (Spitzname für Portland). Für weitere Informationen: www.oregonbeer.org.

1 TAG 1: NEWPORT UND ROGUE ALES
Das Rogue Ales Public House liegt am OSU Drive mitten im Hafen von Newport. Es gibt viele »Bed and Breakfasts«, wo man sich einquartieren kann, darunter auch die zu Rogue gehörenden »Bed and Beer«-Apartments über dem Pub. Hier sollte man sich auch für eine der Brauereibesichtigungen anmelden, die jeden Tag um 15 Uhr beginnen. *2320 OSU Drive, Newport (www.rogueales.com)*

2 TAG 2: PELICAN PUB & BREWERY
Die landschaftlich schöne Strecke von Newport nach Pacific City (77 km) ist gut an einem Vormittag zurückzulegen, sodass Sie bei Pelican zu Mittag essen können. Das Restaurant der Brauerei liegt direkt an der Küste und bietet eine herrliche Aussicht auf den Haystack Rock und das Cape Kiwanda.
33180 Cape Kiwanda Drive, Pacific City (www.pelicanbrewery.com)

3 TAG 2: GOLDEN VALLEY BREWERY & PUB
Auf der landschaftlich schönen Strecke nach McMinnville durchquert man das Weinanbaugebiet Willamette Valley. Im Pub der Golden Valley Brewery gibt es Ales, die z. T. in Weinfässern reifen.
980 East 4th St, McMinnville

4 TAG 3: PORTLAND
In Portland gibt es mehr als drei Dutzend Brauereien – kein Wunder also, dass die Einwohner der Stadt behaupten, sie lebten im »Bierwana«. Hier einige Besichtigungstipps:

Hair of the Dog
Hier wird mit Gerätschaften gearbeitet, die ursprünglich gar nicht zum Brauen gedacht waren. Besichtigung nach Vereinbarung.
4509 SE 23rd Avenue, Portland (www.hairofthedog.com)

Widmer (s. S. 78)
Ein Besuch im Gasthaus der Brauerei lohnt sich, um die ganze Palette an Bieren zu probieren – darunter das Alt, das das Flaggschiff der Brauerei werden sollte, bevor das Hefeweizen die Maßstäbe für amerikanische Hefeweizen setzte. Führungen freitags und samstags. *929 North Russell, Portland*

BridgePort (s. S. 84)
Die älteste Brauerei in Oregon, im In-Viertel Pearl District gelegen.
1313 Northwest Marshall Street, Portland

Higgins Brewpub

Greg Higgins verarbeitet für seine viel gepriesenen Gerichte ausschließlich Produkte aus der Region – und dazu passen natürlich auch regionale Biere und Weine. *1239 SW Broadway, Portland*

Green Dragon Bistro and Pub

Green Dragon ist ein Newcomer, der aber schnell großen Anklang fand. Die ausgeschenkten Biere wechseln häufig, und meist bekommt man sie auch nur bei Green Dragon. Das Personal kennt sich gut aus. *928 SE 9th Avenue, Portland*

Horse Brass Pub

In Portland seit 1976 eine Institution. Der Pub zollt sowohl englischen Pubs als auch den Bieren aus Oregon Tribut. Man kann dort zwischen 52 Fassbieren wählen. Der Pub ist vor allem spätabends gut besucht. *4534 SE Belmont Street, Portland*

Bristol

1647 South Tejon, Colorado Springs,
Colorado 80906, **USA**
www.bristolbrewing.com

Seit der Eröffnung 1994 ist Bristol Brewing das Bierzentrum in Colorado Springs. Früher als andere Unternehmen in den USA experimentierte Bristol Brewing mit Fässern.

BRAUGEHEIMNIS: Die Brauerei gewann mehrere Preise für ein Bier, das mit wilden Hefen und Milchsäurebakterien von Himbeeren gebraut wurde.

Winter Warlock
OATMEAL STOUT 6,5 VOL.-%
Im Antrunk geröstete Marshmallows und Schokolade, am Gaumen sahnige Schokolade und Röstnoten.

Laughing Lab
SCOTTISH ALE 5,3 VOL.-%
Mittlerer Körper, süßliche Karamell- und Toffeenoten und ein anhaltender Eindruck von Rauch. Am besten frisch vom Fass.

Brøckhouse

Høgevej 6, 3400 Hillerød,
DÄNEMARK
www.broeckhouse.dk

Diese Mikrobrauerei im Norden von Kopenhagen wurde 2002 gegründet. Eigentümer Allan Poulsen geht es darum, etwas anderes als die üblichen Pilsener zu brauen.

BRAUGEHEIMNIS: Poulsen verwertet hochwertige Zutaten und arbeitet mit britischen, deutschen und belgischen Methoden. Auf diese Weise entstehen interessante, bemerkenswerte Biere.

Brøckhouse IPA
INDIA PALE ALE 6 VOL.-%
Ein obergäriges Bier, das mit drei Hopfensorten gebraut wird, die für süße Komplexität sorgen.

Brøckhouse Esrum Kloster
ABBEY ALE 7,5 VOL.-%
In der Nase streng; im Geschmack süße, würzige Noten mit Anklängen an Anis, Lavendel, Rosmarin und Wacholder.

Brooklyn

1 Brewers Row, 79 North 11th
Street, Brooklyn,
New York 11211, **USA**
www.brooklynbrewery.com

Die erfolgreiche Brooklyn Brewery erweist der bewegten Braugeschichte der Stadt New York alle Ehre. Sie besitzt das erste ausschließlich mit Windenergie bewirtschaftete Firmengebäude der Stadt. Die Flaschenbiere werden unter Vertrag in der Provinz produziert. In Brooklyn selbst stellt Braumeister Garrett Oliver regelmäßig Saisonbiere und eine Serie von Reserve-Bieren her, die als Fassbiere regional Absatz finden.

Brooklyner Weisse
HEFEWEIZEN 5,1 VOL.-%
Im Antrunk schäumend und bananenfruchtig, dabei Gewürze, Hopfen und milde Nelkennoten.

Local 1
BELG. STRONG GOLDEN ALE 9 VOL.-%
Ein Feuerwerk von Düften und Aromen: Früchte und Gewürze bei komplexer Textur, sogar im staubtrockenen Nachklang.

Brouwerij 't IJ

Funenkade 7, 1018 AL Amsterdam,
NIEDERLANDE
www.brouwerijhetij.nl

Die beliebteste Mikrobrauerei in Amsterdam ist zugleich die älteste Brauerei in der Stadt, obwohl sie erst 1985 gegründet wurde. Das Rückgrat des Sortiments sind starke Biere im belgischen Stil, weiterhin gibt es ein Pilsener und ein Weizenbier. Die Kneipe in einer alten Windmühle und der Biergarten haben die niedrigsten Bierpreise in ganz Amsterdam.

Turbock
DOPPELBOCK 9 VOL.-%
Voller dunkler Früchte und süßer Melasse; würziger als deutsche Bockbiere.

Columbus
STARKBIER 9 VOL.-%
Gute Ausgewogenheit zwischen keksartigem Malz, Koriander, Zitrone und harzig-minzigem Hopfen.

BrowArmia

Ul. Królewska 1,
Warszawa, 00-065, **POLEN**
www.browarmia.pl

Das Brauhaus Brow Armia wurde 2005 eröffnet. Die Atmosphäre ist gesellig und lebhaft, und bei Konzerten wird es auch laut. Man bekommt dort zu seinem Bier moderne polnische Gerichte serviert. Zurzeit werden im Untergeschoss sechs verschiedene Biere gebraut, und das Sortiment soll um weitere sechs Produkte aufgestockt werden.

Pszenciczne
PALE ALE 4,8 VOL.-%
Dieses Bier wird bereits im Sudkessel kräftig gehopft.

Malinowy Wytrawny
WEIZENBIER 5 VOL.-%
Dieses Weizenbier wird ganz nach bayerischer Tradition gebraut, allerdings mit frischen Himbeeren.

Bucher Bräu

Elsenthaler Str. 5-7,
94481 Grafenau, **DEUTSCHLAND**
www.bucher-braeu.de

Die mittelgroße Brauerei zog mitten in den Bayerischen Wald, nachdem die Gebäude im Zentrum Grafenaus zu klein geworden waren. Seit 1863 ist die Brauerei im Besitz der Familie Bucher (heute in der fünften Generation).

BRAUGEHEIMNIS: Das Hefeweizen ist naturtrüb, da beim Abfüllen noch etwas Hefe in die Flasche gegeben wird.

Grafenauer Hefeweizen
WEIZENBIER 5,2 VOL.-%
Spritzig-frisch. Fein-aromatischer Geschmack nach Hefe, leichte Süße erkennbar.

Helles
LAGER 4,9 VOL.-%
Hellgelb; leicht bitter, dabei zugleich mäßig süß, Geschmack nach feinstem Hopfen. Eher starker, aber abgerundeter Nachklang.

Budels

Nieuwstraat 9, 6020 AA Budel,
NIEDERLANDE
www.budels.nl

Budels ist eine der wenigen etablierten Brauereien in den Niederlanden, die untergärige Biere braut. Sie wurde 1870 gegründet und wird heute in der vierten Generation von der Familie Aerts geführt.

BRAUGEHEIMNIS: Seit einigen Jahren braut Budels auch obergärige Biere wie z. B. Kölsch und ein Abtei-Double.

Budels Lager
PILS 5 VOL.-%
Auf einen milden, kiefernartigen Duft folgt ein fruchtig süßer Geschmack. Eher ein Helles als ein Pilsener.

Budels Capucijn
ABTEIBIER DOUBLE 6,5 VOL.-%
Süße, malzige Röstaromen werden ergänzt durch Bitternoten, Datteln und leichte Anklänge an Rauch.

Budweiser Budvar

Karolíny Světle 4, 370 21
České Budějovice,
TSCHECHISCHE REPUBLIK
www.original-budweiser.cz

In der Stadt Budweis wird seit 1265 gebraut. Der Produktname Budweiser Budvar ist heute eine »geschützte Ursprungsbezeichnung«, d. h., das Bier darf nur in Budweis gebraut werden. Das Budweiser von Anheuser-Busch InBev, das in den USA vertrieben wird, heißt dort Czechvar.

Premium Lager
HELLES LAGER 5 VOL.-%
Schöne Schaumkrone; blumig-fruchtige Grapefruitnoten in der Nase, am Gaumen trocken, keksartiges Malz.

Dark Lager
DARK BEER 4,7 VOL.-%
Der deutlich malzige Geschmack entwickelt Noten von Zimt, danach keksartige Untertöne.

Caldera

540 Clover Lane, Ashland,
Oregon 97520, **USA**
www.calderabrewing.com

Obwohl 1997 gegründet, steht die Brauerei erst seit 2005 im Rampenlicht: Sie ist die erste Mikrobrauerei in Oregon, die Bier in auffällig gestaltete Flaschen und Dosen abfüllt.

BRAUGEHEIMNIS: Caldera nimmt eine Sonderstellung ein, da die Brauerei mit ganzen Hopfendolden arbeitet.

IPA

INDIA PALE ALE **6,7 VOL.-%**
Deutlicher Hopfen-Eindruck, ohne dabei aufdringlich zu sein. Durchgehend Zitrusfrucht, Kiefer und Grapefruit.

Pilsener

PILSENER **5 VOL.-%**
Lagert ganze acht Wochen. Blütenaromen mit schwachem Anklang an Schwefel; spröde-hopfiger Geschmack, auch im Nachklang.

Caledonian

42 Slateford Road, Edinburgh,
EH11 1PH, **SCHOTTLAND**
www.caledonian-brewery.co.uk

Caledonian hält es beim Brauen wie beim Biertrinken: Je länger man dabei ist, desto besser muss die Qualität sein. Caledonian ist die letzte überlebende von 40 Brauereien in Edinburgh.

BRAUGEHEIMNIS: Caledonian ist eine der letzten Brauereien, die den kupfernen Sudkessel mit der Würze über direktem Feuer erhitzen.

Caledonian 80 Shilling
SCOTTISH HEAVY 4,2 VOL.-%
Rötlich braun, typisch malzbetont, darunter liegende Noten von Himbeeren, Anklänge an Schokolade.

Deuchars IPA
INDIA PALE ALE 3,8 VOL.-%
Scharfer Hopfenduft, Noten von Zitrusfrucht und durchgehend gleich bleibende Malzigkeit.

Cantillon

Gheudestraat 56, 1070 Brussel/
Anderlecht, **BELGIEN**
www.cantillon.be

Seit 1900 ist die Familie Cantillon im Verschneiden von Bier tätig. 1970 übernahm Jean-Pierre Van Roy das Geschäft, ein überzeugter und kompromissloser Verfechter traditioneller Braustile. Dank seinem Sohn Jean ist die Brauerei trotzdem offen für Experimente. So wurde z. B. mit frischem Hopfen und mit amerikanischem C-Hopfen gebraut, was der Lambic-Tradition eigentlich entgegensteht.

Cantillon Gueuze
ORGANIC LAMBIC 5 VOL.-%
In der Nase Zitrusfrucht, Pferdedecke, Holz und Heu; im Geschmack Holz mit grünem Obst und Schwefel; saures, scharfes Mundgefühl.

Lou Pepe Framboise
FRUCHTBIER 5,5 VOL.-%
Ein Lambic, das mit Zuckersirup versetzt ist. Eines der intensivsten Fruchtbiere, die es gibt.

Capital

7734 Terrace Avenue, Middleton,
Wisconsin 53562, **USA**
www.capital-brewery.com

Die Capital Brewery ist bekannt für ihre Biere, die nach deutschem Vorbild gebraut werden. Einige Biere sind »Kreuzungen«: Autumnal Fire z. B. bewegt sich zwischen einem Doppelbock und einem Oktoberfestbier.

BRAUGEHEIMNIS: Das verwendete Island-Wheat's-Getreide wird auf einer Insel im Lake Michigan angebaut.

Munich Dark
MÜNCHNER DUNKLES 5,4 VOL.-%
Malzbetont mit erdigen Anklängen an Karamell und Nüsse. Schokoladen- und Toffeenoten.

Special Pilsner
PILSENER 4,8 VOL.-%
Am Gaumen leicht, mit Honignoten. Wunderbar duftige Hopfenaromen; derber, hopfenbetonter Nachklang.

Captain Lawrence

99 Castleton Street, Pleasantville,
New York 10570, **USA**
www.captainlawrencebrewing.com

Inhaber und Braumeister Scott Vaccaro steht exemplarisch für die neue Brauergeneration in den USA. Er hat sein Handwerk sowohl an der Hochschule als auch in der Praxis in den USA und in England gelernt. Nach der Rückkehr in seine Heimat gründete er Captain Lawrence. Vaccaro ist bekannt dafür, dass er gern mit der Fassreifung experimentiert.

Xtra Gold
TRIPLE 9 VOL.-%
Zitrusnoten von Hopfen verschmelzen harmonisch mit saftigen Gartenfrüchten und etwas Bonbonsüße.

Smoked Porter
PORTER 6,4 VOL.-%
Im Antrunk rauchig, dann aber schnell üppige dunkle Früchte, Schokolade und Lakritz. Am Gaumen köstlich-üppig.

Caracole

Côte Marie-Thérèse 86,
5500 Falmignoul, **BELGIEN**
www.brasserie-caracole.be

Die Anfänge gehen auf das Jahr 1990 zurück, als François Tonglet in einem Schuppen in Namur mit dem Brauen begann. Wenige Jahre später bezog die Brauerei das heutige Gebäude. Es werden Bio-Biere und »normale« Biere hergestellt. Caracole bedeutet Schnecke – Schnelligkeit und maximale Effizienz sind sekundär. Caracole-Biere werden auch exportiert.

Troublette Bio
WITBIER 5 VOL.-%
Ein belgisches Bio-Weizenbier mit etwas Koriander; erfrischender, zitrusfruchtiger Nachklang.

Nostradamus
DUNKLES BELG. STARKBIER 9,5 VOL.-%
Dieses starke, dunkle Bier bietet eine Mischung von Röstaromen, Frucht und Malz sowie viel Alkohol.

Carib

Eastern Main Road,
Champs Fleurs, **TRINIDAD**
www.caribbeer.com

Seit 1957 ist Carib die einzige Brauerei auf Trinidad und unterhält Geschäftsbeziehungen zu Anheuser-Busch InBev, Carlsberg und Diageo. Das Unternehmen besitzt Brauereien in Kanada und auf den Inseln von St. Kitts und Nevis. Die Einheimischen bevorzugen süßliche Lagerbiere und kräftige Stouts.

Carib Lager
LAGER 5,2 VOL.-%
Ein helles, körperreiches Bier mit viel Schaum. Aromatisch gut ausgewogen zwischen süß und bitter.

Carib Stag
LAGER 5,9 VOL.-%
Ein strohfarbenes Lagerbier mit viel Schaum im europäischen Stil. Sehr süß.

Cascade

131 Cascade Road, South Hobart,
Tasmania 7004, **AUSTRALIEN**
www.cascadebrewery.com.au

Cascade ist die älteste Brauerei in Australien. Sie hat eine eigene Mälzerei und ist in einem imposanten Sandsteinbau am Fuß des oft schneebedeckten Mount Wellington untergebracht. Das Besucherzentrum von Cascade ist stark frequentiert.

Cascade Stout
MEDIUM STOUT 5,8 VOL.-%
Gut erkennbare Kaffeenoten, am Gaumen Milchschokolade; der Nachklang ist mäßig bitter.

Cascade Blonde
SUMMER ALE 4,8 VOL.-%
Frisch und sauber, im Geschmack Anklänge an zitrusfruchtigen Hopfen.

Castelain

13 rue Pasteur,
62410 Bénifontaine, **FRANKREICH**
www.chti.com

Castelain ist ein Familienbetrieb, der 1926 gegründet wurde. 1978 übernahmen Yves und Annick Castelain das Geschäft von ihren Eltern. Sie entwickelten die Reihe Ch'ti, was im regionalen Dialekt so viel wie »ein Nordisches« heißt: kräftige, aber weiche Lagerbiere, die eine lange Zweitgärung durchlaufen.

Maltesse
PREMIUM LAGER 7,7 VOL.-%
Ein blondes, reichhaltiges Bier, das nach Gerste schmeckt; im Nachklang sehr angenehme Bitternoten.

Ch'ti Blonde
LAGER 6,4 VOL.-%
Körperreich, gerade genug Bitternoten, um erfrischend zu sein. Weich und schmackhaft.

Castle/SAB

65 Park Lane, Sandown,
Sandtona, **SÜDAFRIKA**
www.sablimited.co.za

Die South African Breweries (SAB) wurden 1895 gegründet und begannen mit der Produktion des Castle Lager in Johannesburg. Die Brauerei wurde schnell zur Nummer eins im südlichen Afrika. 2002 kaufte SAB das US-amerikanische Unternehmen Miller Brewing auf und wurde als SABMiller einer der größten Getränkekonzerne der Welt.

Castle Lager
LAGER 5 VOL.-%
Ein preisgekröntes Bier, gebraut aus der Gestensorte African Gold Barley und Southern Star Hopfen.

Castle Milk Stout
MILK STOUT 6 VOL.-%
Ein dunkles, stark gehopftes Stout; komplexer Geschmack mit dunkel geröstetem Malz; Noten von Kaffee und Karamell.

Cereuro – Cervejeira Europeia

Estrada da Portela n°8,
2795-124 Carnaxide, **PORTUGAL**
www.sumolcompal.pt

Die Brauerei gehört dem großen Softdrink-Hersteller Grupo Sumol. Sie wurde nach der Revolution 1974 gegründet, als die Brauindustrie allgemein verstaatlicht wurde. In den 90er-Jahren ging sie in Privateigentum über.

Tagus
LAGER 5,4 VOL.-%
Ein hell-goldfarbenes Bier, üppig und mit malzigen und karamellartigen Obertönen. In der Nase viele Ester, die den Alkohol kaschieren; wärmender Nachklang.

Cervesur

Av. De la Cultura 725, Cusco, **PERU**
www.cusquena.com.pe

Die Brauerei liegt in den Anden in Perus Süden und hat deutsche Wurzeln. Es gibt sie seit 1898, heute gehört sie zu SABMiller und fusionierte mit dem peruanischen Unternehmen Backus & Johnson. Die Marke Cusqueña ist das meistverkaufte Lagerbier in Peru.

BRAUGEHEIMNIS: Das Brauwasser kommt aus einer hoch gelegenen Andenquelle.

Cusqueña
LAGER 5 VOL.-%
Ein knackig-erfrischendes Bier mit lang anhaltendem Zitronenaroma.

Cēsu Alus

Aldaru laukums 1, Cēsis,
4101 **LETTLAND**
www.cesualus.lv

Die älteste Brauerei in Lettland wurde 1879 gegründet. 1999 wurde sie von der estnischen Brauerei A. Le Coq aufgekauft und ist heute eine der größten Brauereien im Land. Das Sudhaus ist technisch auf dem neuesten Stand. Die Stadt Cēsis ist für ihr Bierfestival, ihre Ritterturniere und Theateraufführungen im Freien bekannt.

Cēsu Premium
LAGER 5,2 VOL.-%
Süßer Geschmack nach Schokolade mit Anklängen an Vanille.

Cēsu Balsam Porter
PORTER 6 VOL.-%
Hellgolden, Anklänge an süßliches Gras und Hopfen in der Nase.

Chimay

Route Charlemagne 8,
6464 Baileux, **BELGIEN**
www.chimay.com

Die Flaschenabfüllung findet in Baileux statt, gebraut wird aber nach wie vor im Kloster in Forges-les-Chimay. Schon 1862 stellten die Trappistenmönche des Klosters Bier und Käse für den Eigenbedarf her. In der ersten Hälfte des 20. Jh. belegte Pater Théodore Seminare an der Universität in Löwen, um Brauwissenschaften zu studieren.

La Chimay Bleue
TRAPPISTENBIER 9 VOL.-%
Röstmalz mit vorherrschender Bitterkeit; dunkle, reife Früchte (Pflaumen, Trauben) und Birnen.

La Chimay Tripel
TRAPPISTENBIER TRIPLE 8 VOL.-%
Im Geschmack süße Trauben, bitterer Hopfen und Kräuternoten; ähnelt etwas einem trockenen Weißwein.

La Choulette

Rue des écoles 18,
59111 Hordain, **FRANKREICH**
www.lachoulette.com

Die Bauernhofbrauerei La Choulette wurde 1885 gegründet und ist eine der wenigen überlebenden Brauereien, die Ende des 19. Jh. in Nordfrankreich existierten. Die handwerklich gebrauten Biere von Alain Dhaussy sind von hoher Qualität und entsprechend erfolgreich. Sie sind eng mit der nordfranzösischen Brautradition verbunden, haben aber auch innovative Züge.

Choulette Framboise
FRUCHTBIER 6 VOL.-%
Erfrischend, leicht säuerlich. Die reifen Himbeeren sind gut zu erkennen, aber nicht aufdringlich.

Porte Du Hainaut Ambrée
AMBER ALE 7 VOL.-%
Ein fruchtiges Bier mit mittlerem Körper; Aromen von gekochten Äpfeln, Birnen und Karamell; leicht bitter.

Coopers

461 South Road, Regency Park,
Adelaide, South Australien 5010,
AUSTRALIEN
www.coopers.com.au

Fast alle australischen Brauereien haben im 20. Jh. ihre Produktion auf Lagerbiere konzentriert. Coopers dagegen produziert nach wie vor trübe, flaschenvergorene Ales und Stouts. Seit der Eröffnung einer neuen Niederlassung 2001 ist Coopers der drittgrößte Bierproduzent in Australien.

Coopers Sparkling Ale
PALE ALE 5,8 VOL.-%
Trüb; im Geschmack fruchtig mit Anklängen an Pfirsiche; abgerundeter, trockenhefiger Nachklang.

Coopers Extra Stout
DRY STOUT 6,4 VOL.-%
Noten von Espresso und Bitterschokolade, dabei Anklänge an Bananen; robuster, bitterer Nachklang.

Coors

311 10th Street, Golden,
Colorado 80401, **USA**
www.coors.com

Obwohl Coors mit Molson fusionierte und Molson wiederum mit SABMiller zusammengeht, produziert Coors nach wie vor Biere, die nicht dem Mainstream entsprechen. Die Blue-Moon-Serie kann es mit Bieren der großen Craft Brewers aufnehmen. Die SanLot Brewery, die im Baseballstadion in Denver liegt, produziert hervorragende traditionelle Lagerbiere.

Blue Moon Belgian White
WITBIER 5,4 VOL.-%
In der Nase zitronige Süße, würzig, mit Noten von Sellerie. Leichte Säure, ins Süße übergehend.

Barmen Pilsner
PILSNER 5 VOL.-%
Schöne Schaumkrone. Viel Saazer Hopfen, floral-würzig. Angenehm getreidig; langer, bitterer Nachklang.

Cornelyshaff

Maison 37, 9753 Heinerscheid,
LUXEMBURG
www.cornelyshaff.info

Die Kooperative Cornelyshaff liegt in einem Naturschutzgebiet und umfasst eine Kneipe, ein Restaurant, ein Hotel und die Brauerei, die besichtigt werden kann. Die Anlage, die seit 2006 von der Wiltzer Brauerei Simon betrieben wird, ist modern und arbeitet kraftsparend. Hier bekommt man die Cornelyshaff-Biere sowie Produkte aus der Region.

Ourdaller Waïssen Tarwebier
WEIZENBIER 4,6 VOL.-%
Ein ungefiltertes, trübes Weizenbier; charaktervoll und sehr würzig.

Kornelysbéier
ROGGENBIER 4,2 VOL.-%
Würziger Duft; kräftiger Geschmack mit erdigen Noten, die auf den Einsatz von Roggen zurückgehen.

Crailsheimer Engelbräu

Haller Str. 29, 74564 Crailsheim,
DEUTSCHLAND
www.engelbier.de

Als Georg Fach diese Brauerei 1738 gründete, gab es in Crailsheim 4000 Einwohner und 13 Brauereien. Fach konnte natürlich nicht wissen, wie erfolgreich sein Unternehmen werden würde: Heute ist sie die letzte verbliebene Brauerei in der 34 000-Einwohner-Stadt.

BRAUGEHEIMNIS: Eine Untersuchung zum Geschmack von Bier trinkenden Frauen führte zur Entwicklung von First Lady.

First Lady
DUNKLER BOCK 5,9 VOL.-%
Mild und leicht bitter, dabei harmonische Malzaromen.

Kellerbier Dunkel
DUNKEL 5,3 VOL.-%
Sehr schön mahagonifarben; Aromen von Malz und Hefe; voller Körper bei einem Geschmack, der sowohl süß als auch angenehm bitter ist.

Creemore Springs

139 Mill Street, Creemore,
Ontario, L0M 1G0, **KANADA**
www.creemoresprings.com

Creemore Springs gehört seit 2005 zu Molson, was aber die Unabhängigkeit der mehr als 100 Jahre alten Brauerei kaum eingeschränkt hat. Creemore liegt zwischen den Flüssen mit den interessanten Namen Mad und Noisy. Jedes Jahr im August wird dort das Copper Kettle Festival gefeiert. In der Brauerei werden Führungen angeboten.

Premium Lager
LAGER 5 VOL.-%
Feine Frucht- und Malzaromen mit weichen, nussigen Obertönen und einem hopfenbetonten Nachklang.

Urbock
BOCK 6 VOL.-%
Dunkelbraun, mit süßlich-nussiger Textur; wenn das Bier sich erwärmt hat, werden Fruchtaromen deutlich.

Darmstädter

Goebelstr. 7, 64293 Darmstadt,
DEUTSCHLAND
www.darmstaedter.de

Die Brauerei befindet sich unmittelbar am Darmstädter Bahnhof – daher der Zug auf dem Logo, das seit 1847 verwendet wird, und die Animation mit einer Dampflok auf der Homepage.

BRAUGEHEIMNIS: Es war geradezu eine Revolution, als die Brauerei im Jahr 2000 komplett auf Bügelflaschen umstellte.

Darmstädter Pilsner
PILSNER 4,8 VOL.-%
Ein sauberes, elegantes Bier. Der feine Hopfen, der in großer Menge verwendet wird, macht das Bier zu einem typischen Pilsener: frisch und herb mit schönem Bitteraroma.

Darmstädter 1847 Zwickelbier
LAGER 4,8 VOL.-%
Trüb, subtiler Duft nach feinem Malz; weicher, hefiger Geschmack.

Darwin

Sunderland, Tyne & Wear,
SR1 2QE, **ENGLAND**
www.darwinbrewery.com

Darwin ist schon deshalb erwähnenswert, weil die Brauerei eng mit Brewlab zusammenarbeitet, welches Teil der University of Sunderland ist. Dort können Studenten der Brauwissenschaften etwa 40 verschiedene Bierarten pro Jahr herstellen. Die besten werden anschließend von Darwin kommerziell produziert.

Darwin's Evolution
BITTER 4 VOL.-%
Leicht, rein und kräftig. Trockener, hopfiger Charakter, anhaltende Malznoten.

Ghost Ale
BITTER 4,1 VOL.-%
Goldfarben; stark gehopft, Zitrusaromen vorherrschend, gefolgt von ausgewogener, fruchtiger Würze.

Deschutes

901 Southwest Simpson Avenue,
Bend, Oregon 97702, **USA**
www.deschutesbrewery.com

1988 im Touristenort Bend als Brewpub gestartet, ist Deschutes schnell zu einer der größten Craft Breweries des Landes geworden. Deschutes setzt im gesamten Westen der USA sein Sortiment von Bieren mit bemerkenswert hopfigem Charakter ab und betreibt immer noch den ursprünglichen Brewpub in Bend. Kürzlich wurde in Portland ein neuer Brewpub eröffnet. Zum Portfolio gehört auch die Bond-Street-Serie mit Spezialbieren.

Mirror Pond
PALE ALE 5,2 VOL.-%
Bei Deschutes behauptet man, dass der Charakter der Biere mindestens z. T. darauf beruhe, dass ganze Hopfendolden verwendet werden.

Inversion IPA
INDIA PALE ALE 6,8 VOL.-%
Viele Hopfenaromen (v. a. Orangenschale). Keksartiges Malz setzt sich gegen die Bitterkeit durch.

Desnoes and Geddes

214 Spanish Town, Kingston,
JAMAIKA
www.redstripebeer.com
www.dragonstout.co.uk

Desnoes and Geddes gehört heute dem Getränkeriesen Diageo. Das Unternehmen wurde 1918 von Eugene Desnoes und Thomas Geddes gegründet und stellte zunächst nur Softdrinks her. 1927 wurde mit Red Stripe das erste Bier gebraut.

BRAUGEHEIMNIS: Red Stripe wurde zunächst als English Ale gebraut. Popularität hat es als Lagerbier erlangt.

Dragon Stout
SWEET STOUT 7,5 VOL.-%
Wird beim Abfüllen mit Zucker versetzt – malziger Geschmack mit deutlichen Noten von Melasse.

Red Stripe
LAGER 4,7 VOL.-%
Ein gelbfarbenes Bier mit getreidigem Duft und reinem Geschmack. Schmeckt am besten sehr kalt.

Dětenice

Pivovar Dětenice, 507 24 Dětenice,
TSCHECHISCHE REPUBLIK
www.krcmadetenice.cz

Die Brauerei, die einst dem Prager Malteserorden gehörte, ist in einem mittelalterlichen Schloss untergebracht. 1955 wurde die Brauerei geschlossen und erst im Jahr 2000 wiedereröffnet.

BRAUGEHEIMNIS: Die Biere werden in direkt befeuerten Kesseln gebraut, durch Stroh gefiltert und gären in hölzernen Bottichen. Anschließend werden sie in Eichenfässern gelagert.

Svetlé Detenické Pivo 12°
PREMIUM LAGER 4 VOL.-%
Blumig-aromatisch, fein strukturierter Körper; süße Malz- und Honigaromen, hopfiger Nachklang.

Tmavé Detenicke Pivo 13°
DUNKLES LAGER 4 VOL.-%
Ein typisches dunkles, körperreiches Lagerbier; malzig, würzig und gegen Ende leicht bitter.

Diebels

Brauerei-Diebels-Str. 1,
47661 Issum, **DEUTSCHLAND**
www.diebels.de

Diebels war von 1878 bis 2001 in Privatbesitz, bis die Brauerei vom Braugiganten InBev übernommen wurde. Das bekannteste Produkt von Diebels ist das Düsseldorfer Alt, das in ganz Deutschland verkauft wird. Zu den neueren Marken gehören ein Pilsener und ein Bier-Cola-Mix mit Namen Dimix.

Diebels Alt
ALTBIER 4,9 VOL.-%
Aromen von Röstmalz harmonieren mit dem süßen Karamellgeschmack; leicht hopfenbitterer Nachklang.

Diebels Pils
PILSNER 4,9 VOL.-%
Der voller Körper, die leichte Bitterkeit und die Malzaromen sind typisch für ein Pilsener, ebenso die dunkelgoldene Farbe.

Dinkelacker-Schwabenbräu

Tübinger Str. 46, 70178 Stuttgart,
DEUTSCHLAND
www.ds-kg.de

Carl Dinkelacker war Ende des 19. Jh. der Erste, der in Stuttgart Pilsener braute, und sein Partner Robert Leicht war der Erste, der Bier mit einem Auto auslieferte. Durch die Partnerschaft der Brauereien Dinkelacker und Schwaben Bräu ist die größte Brauerei in Baden-Württemberg entstanden.

Dinkelacker Privat
LAGER 5,1 VOL.-%
Ein weiches, hellgoldenes Lagerbier mit milden Hopfenaromen und leichten Malznoten.

Dinkelacker CD-Pils
PILSENER 4,9 VOL.-%
Ein edles, herbes Pilsener mit kräftigen Hopfenaromen und leichtem Malz; sehr harmonisch und gut zu trinken.

Distelhäuser

Grünsfelder Str. 3, 97941 Tauberbischofsheim, **DEUTSCHLAND**
www.distelhaeuser.de

Die Brauerei ist seit 1876 im Besitz der Familie Bauer, heute in der fünften Generation. Sie liegt in Tauberbischofsheim direkt an der »Romantischen Straße«. Der seit Jahrzehnten anhaltende Erfolg von Distelhäuser geht darauf zurück, dass die Brauerei zu allen Zeiten größten Wert auf Qualität legte.

Distelhäuser Landbier
EXPORT 5,1 VOL.-%
Duft nach Malz, leichter Karamellgeschmack; milde Süße und schön abgerundeter Nachklang. Wird oft als ein »Frauenbier« beschrieben.

Distelhäuser Pils
PILSENER 4,9 VOL.-%
Im Glas eine schneeweiße Schaumkrone; harmonische Bitterkeit und ein großartiges Hopfenaroma.

D

Dithmarscher

Oesterstr. 18, 25709 Marne (Holstein),
DEUTSCHLAND
www.dithmarscher.de

Die 1884 in Schleswig-Holstein gegründete Brauerei wird heute in der vierten Generation von der Familie Hintz geführt. Besonders erfolgreich ist das Dithmarscher Pilsener, das seit 2008 die Goldmedaille der DLG trägt.

BRAUGEHEIMNIS: Hier gehen traditionelle Handwerkskunst und moderne Produktionstechnik eine harmonische Verbindung ein.

Dithmarscher Dunkel
DUNKEL 4,9 VOL.-%
Dieses körperreiche Bier hat einen anmutigen Charakter, schmeckt würzig und weist Röstnoten auf. Typisch mahagonifarben.

Dithmarscher Pils
PILSENER 4,8 VOL.-%
Ein mildes, würzig schmeckendes Bier; goldgelb und leicht prickelnd.

Dixie

2401 Tulane Avenue, New Orleans,
Louisiana 70119, **USA**

Die 100 Jahre alte Dixie Brewery ist die einzige Überlebende der einst blühenden Brautradition in New Orleans. Einige Biere reifen in historischen Fässern aus Zypressenholz. 2005 wurde die Brauerei durch den Hurrikan Katrina (und anschließend durch Plünderer) verwüstet. Seither werden die Dixie-Biere in der Minhaus Craft Brewery in Wisconsin produziert.

Blackened Voodoo

SCHWARZBIER 5 VOL.-%

1991 war der Verkauf dieses Biers in Texas kurze Zeit verboten – und zwar wegen der Anspielungen auf Voodoo auf dem Etikett. Weich mit leichtem Körper, wie es im Süden üblich ist; durchgehend Schokoladen- und Toffeenoten.

Döbler

Kornmarkt 6, 91438 Bad Windsheim, **DEUTSCHLAND**
www.brauhaus-doebler.de

Im Jahr 2007 feierte das Brauhaus Döbler seinen 140. Geburtstag. Die Brauerei setzt auf hochwertige Biere für den anspruchsvollen Biertrinker. Handwerkliche Braukunst und der Einsatz regionaler Rohstoffe zeugen von echter Brautradition.

BRAUGEHEIMNIS: Bei Döbler ist man auch beim Bezug der Rohstoffe auf Nachhaltigkeit bedacht.

Land Märzen
MÄRZEN 5,4 VOL.-%
Ein sehr leichtes Märzen; dunkelgelb und angenehm im Geschmack, nicht zu süß, aber körperreich; schöner, hefiger Nachklang.

Reichsstadtbier
KELLERBIER 5 VOL.-%
Voller Körper, ungefiltert und trüb, Hefe im Geschmack. Nur vom Fass.

Dogfish Head

6 Cannery Village Center, Milton,
Delaware 19968, **USA**
www.dogfish.com

Dogfish Head hat im ganzen Land Abnehmer für seine »Extrembiere« gefunden. Darunter sind Biere auf der Basis von Rezepten aus archäologischen Funden sowie Biere mit ungewöhnlichen Zutaten – von Zichorie bis hin zu Chili. Die Brauerei besitzt die größten hölzernen Sudkessel, die je in den USA hergestellt wurden. Dogfish betreibt einen Brewpub in Rehoboth Beach, wo 1995 alles anfing.

Midas Touch
HISTORISCHES BIER 9 VOL.-%
Die Zutaten – Muscattrauben, Honig und Safran – sorgen für vielschichtige Aromen, dabei feine Säure.

60 Minute IPA
INDIA PALE ALE 6 VOL.-%
Saisonbier und zugleich das Flaggschiff, mit Warrior, Amarillo und dem »Mystery Hop X« gebraut. Viel Zitrus.

De Dolle Brouwers

Roeselarestraat 12B,
8600 Esen, **BELGIEN**
www.dedollebrouwers.be

Gekauft und renoviert wurde die Brauerei 1980 von Kris Herteler. Damit lösten er und seine beiden Brüder eine Mikrobrauer-Revolution in Belgien aus. De Dolle Brouwers haben nie nach einfachen Lösungen oder dem schnellen Geld gesucht. »Die Qualität macht's«, lautet das Motto von Kris Herteler, der inzwischen ohne seine Brüder arbeitet. Die Namen der Biere sind Wortakrobatik auf Flämisch.

Arabier
BELGISCHES STARKBIER 8 VOL.-%
Ein trocken gehopftes Bier mit Zitrusfruchtaromen.

Stille Nacht
SAISONBIER 12 VOL.-%
Aromen von überreifen Trauben und Trockenfrüchten. Süßes Malz, dahinter hopfenbittere Aromen, etwas Säure sorgt für Ausgewogenheit.

Double Maxim

Hughton-le-Spring,
Sunderland, **ENGLAND**
www.dmbc.org.uk

Nachdem Double-Maxim-Biere von anderen Brauereien hergestellt wurden, konnte das Unternehmen 2007 eine neue Anlage in Betrieb nehmen. Eine Abfüllanlage ist in Planung.

BRAUGEHEIMNIS: Bei Double Maxim wird auch nach einem Originalrezept aus der Vaux Brewery gebraut.

Double Maxim
BROWN ALE 4,7 VOL.-%
Duft nach Karamell; Karamell auch im bittersüßen Geschmack, dann in Toffee übergehend.

Samson
BEST BITTER 4,6 VOL.-%
Ein Bitter Ale aus dem Nordwesten Englands mit einem Hauch Hopfen und malzbetontem Körper.

Dreher

Magladi ut 17, Budapest, **UNGARN**
www.dreher.hu

Über viele Jahre wurde die Brauerei von dem österreichischen Brauer Anton Dreher geleitet. Mitte des 19. Jh. hatte er die Bedeutung von Kühlung und Lagerung für untergärige Biere erkannt und entwickelte eine neue Biersorte, das sogenannte Lagerbier im Wiener Stil (Wiener Lager). Heute gehört die Brauerei zu SABMiller.

Dreher Classic
PILSENER 5,5 VOL.-%
Ein goldgelbes, bitteres Bier mit knackigfrischem Duft. Aromen von Hopfen sowie Anklänge an Malz.

Dreher Bak
BOCK 7,3 VOL.-%
Ein dunkles Bier mit vollem Körper; Noten von Karamell und Malz, Anklänge an bittersüße Schokolade.

Dubuisson

Chaussée de Mons 28,
7904 Pipaix-Leuze, **BELGIEN**
www.br-dubuisson.com

In Leuze gibt es drei Brauereien, zwei davon im Stadtteil Pipaix. Dubuisson ist vielleicht die dynamischste, und dank der Lage der Brauerei an einer Hauptstraße floriert auch die zugehörige Kneipe. Dubuisson ist bekannt für alkoholstarke Biere, die man mit Vorsicht genießen sollte.

Bush Prestige
BELGISCHES STARKBIER 13 VOL.-%
Diese in Eiche gereifte Version des Ambrée ist sehr ausgewogen, trotz des hohen Alkoholgehalts.

Bush Ambrée
BELGIAN STRONG ALE 12 VOL.-%
Wird auch unter dem Namen Scaldis verkauft. Eine gefährlich süffige Alkoholbombe!

Ducato

Via Strepponi 50/A, 43010 Roncole Verdi di Busseto (PR), **ITALIEN**
www.birrificiodelducato.it

Der junge Brauer Giovanni Campari gründete diese Mikrobrauerei 2007 ganz in der Nähe von Verdis Geburtsort (bei Parma). Von Anfang an stellte er mit den vier charaktervollen Bieren seines Sortiments sein Können unter Beweis. Ducato gilt heute als eine der vielversprechendsten Mikrobrauereien in Italien.

New Morning
SAISON 5,6 VOL.-%
Ein erstaunliches Saisonbier, das mit Kamillenblüten versetzt ist. Süffig, mit schönen erdigen Noten.

AFO
AMERICAN PALE ALE 5,2 VOL.-%
AFO (»Ale For the Obsessed«, Bier für Besessene) richtet sich besonders an Hopfenliebhaber. Schöne Aromen von Zitrusfrucht und Karamell.

Duck-Rabbit

4519 W Pine Street, Farmville,
North Carolina 27828, **USA**
www.duckrabbitbrewery.com

Duck-Rabbit ist bekannt für starke, dunkle Biere. Die Brauerei blühte auf, als die Gesetzgebung in North Carolina Biere mit mehr als 6 Vol.-% Alkoholgehalt zuließ. Das unverkennbare Logo basiert auf einer Illustration des Philosophen Ludwig Wittgenstein.

BRAUGEHEIMNIS: Die Brauer scherzen: »Wir singen der Hefe etwas vor.«

Baltic Porter
BALTISCHES PORTER 9 VOL.-%
Karamell, Toffee, schwarze Johannisbeere und andere dunkle Früchte. Weich, verhaltene Bitterkeit.

Milk Stout
STOUT 5,7 VOL.-%
Gelungene Kombination von gerösteten Kaffeebohnen und Schokolade, die durch Sahne am Gaumen ergänzt wird. Nicht zu süß.

D

Dugges Ale & Porterbryggeri

Möbelgatan 3, 43133 Mölndal,
SCHWEDEN
www.dugges.se

Die Brauerei wurde 2005 von Mikael Dugge Engström gegründet. Zu seinen Bieren gehören die Gothenburg-Serie, die schwedische Tradition mit amerikanischer Innovation vereint, und die Express-Yourself-Serie, eine Zusammenstellung von Spezialbieren, die Namen wie Holy Cow (ein India Pale Ale) und Fuggedaboudit! (ein Brown Ale) tragen.

Dugges Avenyn Ale
AMERICAN PALE ALE 5 VOL.-%
Duft nach Hopfen, Blüten und Zitrusfrüchten; im Mund Trauben, Kiefer und Anklänge an Karamell.

High Five!
INDIA PALE ALE 7,5 VOL.-%
Dunkel bernsteinfarben. Intensive Hopfenaromen mit Noten von Erdbeermarmelade, Kiefer und Schokolade; trockene Bitterkeit.

Dupont

Brasserie Dupont, 5 Rue Basse,
7904 Tourpes-Leuze, **BELGIEN**
www.brasserie-dupont.com

Im Westen der Provinz Hennegau sind die Böden sehr fruchtbar und die Bauernhöfe entsprechend groß. Es war üblich, dass die Bauern den Winter über Bier brauten, das dann vor allem im Sommer getrunken wurde. Dupont konzentrierte sich irgendwann auf das Bierbrauen, doch Eigentümer Olivier Dedeycker knüpft wieder an diese Tradition an und lässt Ackerbau betreiben und auch Käse produzieren.

Bons Vœux
SAISONBIER 9,5 VOL.-%
Der erdige Duft erinnert an Bauernhof und mischt sich mit Aromen von Zitrusschalen. Im Geschmack getreidig: frisches Weißbrot mit Nüssen, Gewürzen und Walnussöl.

Saison Dupont
SAISONBIER 6,5 VOL.-%
Ursprünglich wurde das Saison mit Blick auf die heißen Monate gebraut – trocken, erfrischend leicht.

BIERTOUR
BRÜSSEL, BELGIEN

»B« steht für Belgien, Brüssel und Bier. Heute kann man belgische Biere eigentlich überall auf der Welt trinken, am besten schmecken sie aber in den Cafés, Bars und Brauereien von Brüssel.

1 TOONE
De Bier Tempel ist eines der besten Biergeschäfte überhaupt. Dort bekommt man fast alle traditionell handwerklich hergestellten belgischen Biere. Er liegt ganz in der Nähe des Théâtre de Toone, eines Marionettentheaters mit Bar. Die Wände dort sind mit Marionetten behängt, und die Atmosphäre ist ebenso gut wie das Kwak, das dort serviert wird – im richtigen Glas natürlich. *(Impasse Ste Pétrouille, Rue du Marché aux Herbes 66)*

2 GRAND PLACE
Am berühmten Grand Place in Brüssel liegt die Maison des Brasseurs. Heute beherbergt das Haus die belgische Brauervereinigung und ein Brauereimuseum. Der Platz ist gesäumt von Bars und Kneipen. Jedes Jahr im September wird dort ein Bierfest gefeiert.

3 POECHENELLEKELDER
Gegenüber dem Manneken Pis befindet sich die Bar Poechenellekelder. Sie wird auch von Einheimischen stark frequentiert. Man bekommt dort 90 verschiedene Biere – ein guter Einstieg, um belgische Biere kennenzulernen. *(Rue du Chêne 5)*

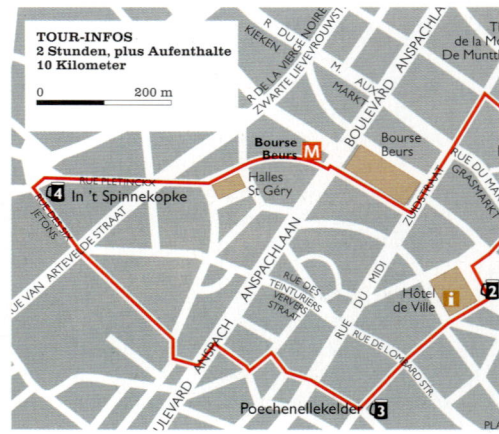

TOUR-INFOS
2 Stunden, plus Aufenthalte
10 Kilometer

4 IN 'T SPINNEKOPKE

In 't Spinnekopke liegt etwas abseits, aber nicht zu weit vom Grand Place entfernt. Authentischer geht es nicht. Das »Spinnenköpfchen« ist eine der besten Adressen, um ein gutes Bier zu gutem Essen zu genießen. Küchenchef Jean Rodriguez dazu: »Wer trinkt denn noch Wein, wenn er ein Lambic vom Fass zu einem Muschelgericht haben kann?« *(Place du Jardin aux Fleurs 1)*

5 DELIRIUM

In dem Viertel Ilôt Sacré gibt es idyllisch gelegene Restaurants mit eifrigen Kellnern. Dazu gehört auch das Delirium. Warten Sie nicht darauf, am Tisch bedient zu werden, sondern holen Sie sich Ihr Bier an der Theke: Sie können zwischen mehr als 2000 verschiedenen Bieren auswählen. *(Impasse de la Fidélité 4a)*

6 A LA MORTE SUBITE

Nahe dem Einkaufszentrum Saint Hubert mit seinen überdachten Galerien befindet sich die Bar A la Mort Subite. Ganz im Art-Nouvau-Stil ist sie vielleicht die berühmteste Bar aus dem Fin-de-siècle, die noch in Betrieb ist. Am besten trinkt man hier ein Lambic oder eine Gueuze – und bestellt gleich noch eines der typischen Brüsseler Gerichte dazu. *(Rue Montagne aux Herbes Potagères 7)*

7 BIER CIRCUS

Vom Hauptbahnhof aus bergan gehend, gelangt man bald zum Bier Circus. In dieser wuseligen Kneipe kann man hervorragende handwerklich gebraute Biere probieren und dabei die Vielfalt belgischer Braukunst entdecken. Kommen Sie in einer Gruppe, denn in der Regel werden nur 0,75-l-Flaschen serviert. *(Rue de l'Enseignement 89)*

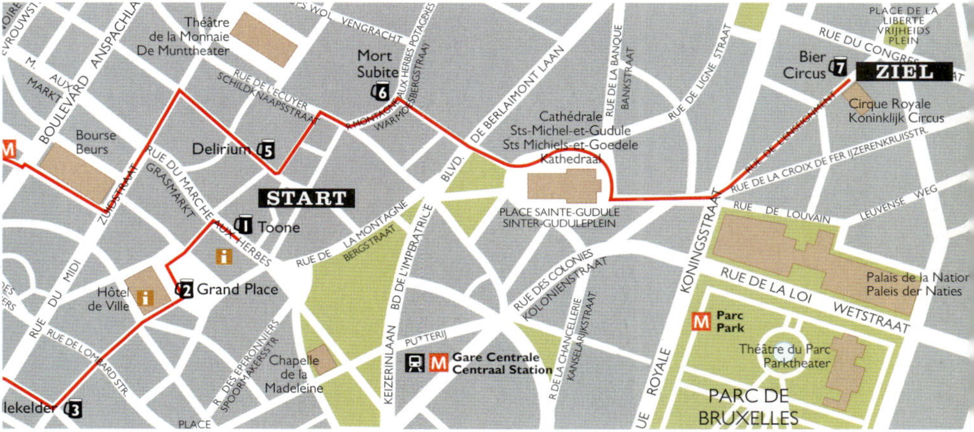

BERÜHMTE **137** BIERE

Duvel Moortgat

Breendonkdorp 58-66,
2870 Breendonk-Puurs, **BELGIEN**
www.duvel.be

Die Brauerei wurde unter dem Namen Moortgat als kleiner Familienbetrieb gegründet, der zu einer Zeit obergärige Biere produzierte, als alle Welt nach Lagerbieren verlangte. Das Moortgat-Bier entwickelte sich zu dem rebellischen Duvel und wurde so populär, dass sich die Brauerei-Gruppe entsprechend umbenannte.

Duvel
BELGISCHES STARKBIER 8,5 VOL.-%
Dieses ultratrockene Bier verbirgt seinen hohen Alkoholgehalt wie kein anderes.

Maredsous 8°
ABTEIBIER 8 VOL.-%
Wohl das beste Bier der Maredsous-Abteibiere: voller Ester und Noten von Frucht und Tabakblättern.

Duyck

113 route Nationale, 59144 Jenlain,
FRANKREICH
www.duyck.com

Duyck wurde 1922 als Bauernhofbrauerei gegründet und braut *Bières de Garde* – im Winter hergestellte und abgefüllte Biere, die bis zum Sommer lagern und dann getrunken werden können. In den 50er-Jahren begann die Familie Duyck, ihre Biere in recycelte Champagnerflaschen abzufüllen. Raymond Duyck führt das Geschäft heute in vierter Generation.

Jenlain Ambrée

AMBER ALE 7,5 VOL.-%

Körperreich mit anklingender Bitterkeit; durch das Röstmalz weich mit Noten von gedünsteten Pflaumen und Karamell. Kann sehr gut zum Essen getrunken, aber auch zum Kochen regionaler Gerichte wie *Carbonnade Flamande* (in Bier gegartes Rindfleisch) verwendet werden.

Echigo

3970 Fukui, Nishiura-ku, Niigata City, Niigata 953-0076, **JAPAN**
www.echigo-beer.jp

Die Brauer des ehrwürdigen Tsurukame-Sake aus Niigata eröffneten im Februar 1995 die erste Mikrobrauerei in Japan. Aus dem kleinen Brauhaus ist heute eine große Brauerei geworden, die selbst Bier in Dosen abfüllt. Die Dosenbiere von Echigo genießen ein hohes Ansehen, die wenigen Flaschenbiere sind vergleichsweise teuer.

Echigo Pilsener
PILSENER 5 VOL.-%
Das hochgelobte Bier schmeckt üppig nach Malz, ist mäßig bitter und hat einen kurzen Nachklang.

Echigo Stout
STOUT 7 VOL.-% (VORHER 5%)
Mehr Alkohol und mehr Sorgfalt bei der Herstellung sorgen für üppige Röstaromen.

Eel River

1777 Alamar Way, Fortuna,
California 95540, **USA**
www.eelriverbrewing.com

Eel River war noch nicht ganz fünf Jahre alt, als das Unternehmen zur ersten zertifizierten Bio-Brauerei in den USA wurde. Der Brewpub wurde 2007 durch eine neue Produktionsstätte im nahe gelegenen Scotia ergänzt. Sie wird vollständig mit Energie aus Biomasse betrieben, darunter Holzspäne und Biertrester.

Organic Porter
PORTER 6,3 VOL.-%
Malzig-cremig mit Schokoladenaromen, verhaltenere Aromen von gerösteten Kaffeebohnen. Robust.

Triple Exultation
OLD ALE 9,7 VOL.-%
Kein Bio-Bier. Komplexe Nase mit Karamell-Toffee und Frucht, dann setzen sich kiefernähnliche Hopfenaromen durch.

Eggenberg

Eggenberg 1, 4655 Vorchdorf,
ÖSTERREICH
www.schloss-eggenberg.at

In dem kleinen Schloss Eggenberg in Oberösterreich wird schon seit mehr als 500 Jahren gebraut. Hier werden zahlreiche Lagerbiere (auch ein alkoholfreies) für den heimischen Markt hergestellt, ebenso einige Bockbiere für den Export – darunter ein Urbock und eine helle Version des traditionellen dunklen Samichlaus Biers.

Samichlaus
DOPPELBOCK 14 VOL.-%
Intensiver Duft nach Malz und Alkohol. Süß und fruchtig (getrocknete Kirschen, Feigen und Pflaumen); kaum erkennbarer Hopfen.

Hopfenkönig
PILSENER 5,1 VOL.-%
Hell, stabile Schaumkrone; würzige, heuartige Aromen. Leichter Körper, gefolgt von trockener Bitterkeit.

Eggenberg

Latrán 27, 38115, Český Krumlov,
TSCHECHISCHE REPUBLIK
www.eggenberg.cz

Die Brautradition in Krumau reicht bis ins Jahr 1336 zurück. Die Familie Eggenberg erwarb 1622 das Herrschaftsgut und damit auch die Brauerei. 1719 übernahm die Familie Schwarzenberg das Gut. Nach dem 2. Weltkrieg wurde der Betrieb verstaatlicht, 1989 privatisiert und 1991 von Dionex Inc. aufgekauft.

Eggenberg Světlý Ležák
HELLES LAGER 5 VOL.-%
Blumig mit süßen Noten von Butterscotch; pikant, knackig und ausgewogen, bitterer Nachklang.

Eggenberg Tmavý Ležák
DUNKLES LAGER 4,2 VOL.-%
Ein dunkles Lager mit hopfiger Schärfe; bittersüße Noten von malzigem Karamell und Toffee.

Einbecker

Papenstr. 4, 37574 Einbeck,
DEUTSCHLAND
www.einbecker.com

Martin Luther soll sich 1521 wie folgt über das Einbecker Bier geäußert haben: »Der beste Trank, den einer kennt, der wird Einbecker Bier genennt.« 1612 wurde ein Braumeister aus Einbeck abgeworben, um in München das »Einpöckische« Bier zu brauen – daraus entstand vielleicht später durch Verballhornung die Bezeichnung Bockbier.

Ur-Bock Hell
BOCK 6,5 VOL.-%
Helles Malz und delikater Hopfen verleihen dem klassischen Bockbier einen herben Geschmack.

Einbecker Spezial
EXPORT 5,2 VOL.-%
Dieses Bier hat die typische goldgelbe Farbe eines Exportbiers. Es schmeckt angenehm süßlich.

Emerson's Brewery

14 Wickliffe Street, Dunedin,
NEUSEELAND
www.emersons.co.nz

Die mit den meisten Preisen ausgezeichnete Mikrobrauerei Neuseelands bietet ein großes Sortiment an Bieren, davon eine Reihe Saisonbiere wie das Taieri George (ein gewürztes, dunkles Ale), ein US-amerikanisches Pale Ale, das amerikanischen Hopfen erkennen lässt.

BRAUGEHEIMNIS: Das herrliche Saisonbier Bookbinder Bitter gibt es nur vom Fass.

Emerson's Old 95
BARLEY WINE 7 VOL.-%
Ein robustes, flaschenvergorenes Ale mit toffeeartigem Malz und harzähnlichem Hopfen.

Emerson's Organic Pilsener
NEW WORLD PILSENER 4,9 VOL.-%
Voller zitrusfruchtiger Aromen und Passionsfrucht. Die heimische Hopfensorte Riwaka kommt gut durch.

Erdinger

Lange Zeile 1+3, 85435 Erding,
DEUTSCHLAND
www.erdinger.de

Die Privatbrauerei Erdinger Weißbräu ist weltweit der größte Weizenbierspezialist. Das erste Zeugnis einer Brauerei in Erding stammt aus dem Jahr 1886, doch der Name Erdinger Weißbräu wird erst seit 1949 verwendet.

BRAUGEHEIMNIS: Bei Erdinger wird mit frischem Quellwasser und Hallertauer Hopfen gebraut.

Erdinger Pikantus
DUNKLER WEIZENBOCK 7,3 VOL.-%
Üblicherweise sind Weizenbockbiere süß, dieses aber nicht. Vergessen Sie nicht seinen Alkoholgehalt!

Erdinger Schneeweiße
WINTERBIER 5,6 VOL.-%
Dunkler und körperreicher als ein normales Weizenbier. Es ist von Oktober bis Februar erhältlich.

Everards

Castle Acres, Narborough,
Leicestershire, LE19 1BY,
ENGLAND
www.everards.co.uk

William Everard braute sein erstes Bier 1849. Er formulierte sein Anliegen wie folgt: »Bei der Produktion und Lieferung von authentischem Ale bester Qualität ist keine Anstrengung zu viel.« Das gilt bis heute.

BRAUGEHEIMNIS: Bei Everards wird vor allem mit den Hopfensorten Fuggles und Goldings gearbeitet.

Tiger
BITTER 4,2 VOL.-%
In der Nase würziger Hopfen und Karamell. Am Gaumen bittersüß, abgerundeter Toffee-Charakter.

Original
STRONG BITTER 5,2 VOL.-%
Kupferfarben, körperreich, im Duft gerösteter Karamell, gefolgt von Portwein- und Fruchtnoten.

Exmoor

Wiveliscombe, Somerset,
TA4 2NY, **ENGLAND**
www.exmoorales.co.uk

Exmoor gehört zu den ersten Mikrobrauereien, die Anfang der 1980er-Jahre gegründet wurden. An der Firmenphilosophie hat sich seither nichts geändert: Wesentliche Faktoren sind die handwerkliche Fähigkeit der Brauer sowie Innovationen. Exmoor ist die größte Brauerei in Somerset und damit eine Regionalbrauerei.

Exmoor Gold
BITTER 4,5 VOL.-%
In der Nase kräftig-erdiger Hopfen, Zitrone und saftiges Malz; fruchtig, Süße von Butterscotch; unvergesslicher Nachklang.

Exmoor Ale
BITTER 3,8 VOL.-%
Mittlerer Körper, Malz- und Hopfenaromen, bitter-hopfiger Nachklang.

Fantôme

Rue Préal 8, 5454 Soy-Erezée,
BELGIEN
www.fantome.be

Dany Prignon begann 1988 in einer kleinen Hütte in den Ardennen mit dem Brauen. Auch wenn die Fantôme-Biere heute in zahlreiche Länder exportiert werden, hat sich der Sitz der Brauerei nicht verändert – nur die Ausstattung hat sich verbessert.

BRAUGEHEIMNIS: Hier entstehen regelrechte Kunstwerke, und selten wird ein Bier zweimal auf gleiche Weise gebraut.

Fantôme
SAISONBIER 8 VOL.-%
Das gängigste Bier der Brauerei: goldfarben, fruchtig-milchig und variabel; ein typisches Saisonbier.

Black Ghost
BELGISCHES STARKBIER 8 VOL.-%
Eines der wenigen regulären Biere der Brauerei: malzig, fruchtig, dabei Aromen von Zypressen und Kiefern.

Fässla

Obere Königstr. 19–21,
96052 Bamberg, **DEUTSCHLAND**
www.faessla.de

Hans Lauer gründete Fässla 1649, kurz nach dem Dreißigjährigen Krieg. Ein Wendepunkt in der Geschichte der Brauerei war das Jahr 1986, als die Familie Kalb das Geschäft übernahm. Die Spezialbiere von Fässla sind in der Bamberger Region sehr beliebt.

BRAUGEHEIMNIS: Bambergator ist das stärkste Bier, das in Bamberg gebraut wird.

Lagerbier
LAGER 5,5 VOL.-%
Intensives Gelb; feiner, kompakter Schaum, spritzig. Voller Körper, etwas malzig, leicht bitter im Geschmack.

Bambergator
DOPPELBOCK 8,5 VOL.-%
Dunkelbraun, vollmundig und auch für ein Bockbier stark. Voller harmonischer, bitterer Hopfenaromen.

Faust

Hauptstr. 219, 63897 Miltenberg,
DEUTSCHLAND
www.faust.de

Eine typische Regionalbrauerei, die seit 1895 von der Familie Faust geführt wird. Die Brauerei ist 350 Jahre alt und hat im Laufe ihrer Geschichte mehrfach den Besitzer gewechselt. Das Brauhaus Faust stellt viele verschiedene Bierarten her, und einige Biere wurden mit Preisen ausgezeichnet.

Schwarzviertler
DUNKEL 5,2 VOL.-%
Dunkel, leichte Röst- und Rauchnoten. Auf der Zunge auch Karamell und etwas Bitterschokolade. Körperreich mit trockenem Nachklang.

Faust Kräusen
KELLERBIER 5,5 VOL.-%
Ein naturtrübes Bier mit vollem Körper, leicht nach Honig duftend. Mild und frisch.

Felinfoel

Llanelli, Carmarthenshire,
SA14 8LB, **WALES**
www.felinfoel-brewery.com

Die Brauerei hat Gebäude auf beiden Seiten des River Lliedi. Sie existiert seit 1878 und steht ganz im Zeichen der Industriegeschichte von Südwales. Felinfoel ist vor allem dafür bekannt, dass die Brauerei als erste in Großbritannien 1935 Dosenbier produzierte. In den 70er-Jahren wurde sie umfassend modernisiert.

Double Dragon
BITTER 4,2 VOL.-%
Appetitliche Farbe, malzig mit subtilen Hopfenaromen, gut ausgewogener, befriedigender Trinkgenuss.

Cambrian Bitter
BITTER 3,9 VOL.-%
Als »anständiges walisisches Bitter« etikettiert; aromatisch mit ausgewogenen Malz- und Hopfenaromen.

Fiege

Moritz Fiege, Scharnhorststr. 21–25,
44787 Bochum, **DEUTSCHLAND**
www.moritzfiege.de

»Wir sind eine klassische Regionalbrauerei«, so der Chef Hugo Fiege, der sein Unternehmen als Botschafter des Ruhrgebiets versteht. Es ist eine Institution, die typische lokale Biere anbietet – und die Ruhrgebietler lieben ihre Moritz-Fiege-Biere. Es gibt Gerüchte, dass einer der Global Player im Braugeschäft das Unternehmen übernimmt ...

Moritz Fiege Pils
PILSENER 4,9 VOL.-%
Ein Pilsener mit Bitteraromen von gutem Hopfen, leicht malzigem Geschmack und feinherber Struktur.

Schwarzbier
SCHWARZBIER 4,9 VOL.-%
Elegant. Dieses kaffeefarbene Bier schmeckt malzig-süß, weist aber zugleich leichte Bitteraromen von feinem Hopfen auf.

Finlandia

Suokulmantie 237, Matku,
Forsaa 31110, **FINNLAND**
www.finlandiasahti.fi

Finlandia hat sich auf die Herstellung der Bierspezialität Sahti verlegt. Sahti wird aus Roggen und anderem Getreide gebraut und mit Wacholderzweigen und -beeren aromatisiert. Sahti von Finlandia kann man im St. Urho's Pub und im Restaurant Savotta in Helsinki probieren – am besten während der Sahti-Woche im Mai.

Sahti Strong
SAHTI 10 VOL.-%
Süß und am Gaumen etwas ölig; in der Nase Wacholder, der Nachklang erinnert an Kaugummi.

Tavallinen
SAHTI 8 VOL.-%
Dunkel kastanienfarben, intensiver Duft nach Wacholder, Anklänge an schwarze Johannisbeeren.

Flensburger

Munketoft 12, 24937 Flensburg,
DEUTSCHLAND
www.flens.de

Die Brauerei wurde 1888 von fünf Flensburgern gegründet. In den 1980er-Jahren waren Flensburger Biere auch dank der Comicfigur Werner sehr erfolgreich, der gern das eine oder andere »Flens« trank. Der Name Flens setzte sich für das Flensburger Flaschenbier durch, das als erstes deutsches Bier in Bügelflaschen verkauft wurde.

Flensburger Pils
PILSENER 4,8 VOL.-%
Ein typisches goldfarbenes Pilsener: malzig, erfrischend und mit leicht bitteren Hopfenaromen im Nachklang.

Kellerbier
KELLERBIER 4,8 VOL.-%
Bernsteinfarben und trüb – das Flensburger Kellerbier ist körperreich. Es schmeckt natürlich frisch, leicht süß und hat einen trockenen Nachklang.

Flossmoor Station

1035 Sterling Avenue, Flossmoor,
Illinois 60422, **USA**
www.flossmoorstation.com

Matt Van Wyk und Andrew Mason haben das Werk des Pioniers auf dem Gebiet der Fassreifung, Todd Ashman, bei Flossmoor Station fortgesetzt. Sie verkaufen zahlreiche mit Preisen ausgezeichnete Biere in dem Pub, der in einem ehemaligen Bahnhof untergebracht ist. Kürzlich brachte die Brauerei die ersten Flaschenbiere auf den Markt.

Pullman Brown Ale
BROWN ALE 7 VOL.-%
Gebraut mit von Hand geröstetem Malz und Melasse. Schokolade, Toffee und dunkle Früchte.

De Wilde Zuidentrein
SOUR ALE 7 VOL.-%
Ein Brown Ale nach flandrischem Vorbild, das in einem Weinfass aus Eiche auf frischen Himbeeren reift. Mit etwas wilder Hefe gebraut.

Flying Dog

2401 Blake Street, Denver,
Colorado 80205, **USA**
www.flyingdogales.com

Flying Dog ist keine gewöhnliche Brauerei: Die Etiketten stammen von dem britischen Illustrator Ralph Steadman, und man kultiviert in Anlehnung an den Journalisten Hunter S. Thompson das »Gonzo-Image«. Der Original-Brewpub ist in Aston, die Zentrale befindet sich aber in Denver. Gebraut wird seit 2008 in Frederick (Maryland).

Gonzo Imperial Porter
PORTER 9 VOL.-%
Aromen von Rum, Schokolade; eher süß, bevor trockene Kakaonoten und hopfige Bitterkeit dominieren.

Doggie Style Pale Ale
PALE ALE 5,3 VOL.-%
Im Antrunk eine Mischung frischer Früchte. Im Mittelteil zitrusbetonte Frucht, gut ausbalanciert durch keksartiges Malz. Trockener Nachklang.

Flying Fish

1940 Olney Avenue, Cherry Hill,
New Jersey 08003, **USA**
www.flyingfish.com

Flying Fish Brewing begann global – und zwar als virtuelle Brauerei im Internet – und wurde 1996 dann regional. Heute bedient sie Kunden in einem Umkreis von ca. 160 km um ihren Standort in South Jersey. Vor Kurzem wurde die Produktionskapazität gesteigert, und es gibt Pläne, auch das Sortiment zu vergrößern.

Belgian Style Dubbel
DOUBLE 7 VOL.-%
Schokolade gemischt mit dunklen Früchten, dabei ein Hauch Alkohol. Trockener, süßlicher Abgang.

ESB Ale
EXTRA SPECIAL BITTER 5,5 VOL.-%
Malzbetont, üppiger Karamell- und Fruchtcharakter, darunter liegende Nussaromen. Amerikanischer Hopfen, aber verhalten.

Forstner

Dorfstraße 52, 8401 Kalsdorf
bei Graz, **ÖSTERREICH**
www.forstner-biere.at

Gerhard Forstner ist einer der experimentierfreudigsten Brauer Österreichs. Seit einiger Zeit versucht er sich an Bieren im belgischen oder amerikanischen Stil. Die Brauerei ist in einem ehemaligen Gehöft untergebracht. Einige der Biere werden von Slow Food anerkannt und bei Veranstaltungen dieser Organisation ausgeschenkt.

Styrian Ale
BITTER ALE 5,6 VOL.-%
Dunkelrot; in der Nase Röstnoten und Frucht (Grapefruit?); leicht herb, aber erfrischend; mäßig bitter.

Triple 22
BELGISCHES TRIPLE 9,5 VOL.-%
Kupferfarben, Duft nach Papaya und Mango. Süß und körperreich, Nachklang würzig-bitter.

Freeminer

Cinderford, Gloucestershire,
GL14 3JA, **ENGLAND**
www.freeminer.com

Jeder, der im Forest of Dean geboren war und ein Jahr und einen Tag in einem der dortigen Kohlebergwerke gearbeitet hatte, durfte als freier Bergmann (free miner) ein eigenes Bergwerk betreiben.

BRAUGEHEIMNIS: Die Ales werden aus ganzem Hopfen aus Worcestershire in offenen Gärtanks hergestellt.

Speculation
STRONG BITTER 4,8 VOL.-%
Zunächst schokoladensüß, dann folgen ein Schwung Hopfen und eine üppige Schicht aus Malz.

Freeminer Bitter
STRONG BITTER 4,8 VOL.-%
Deutlich bitter und mit reichlich Hopfen, ausbalanciert durch den Malzcharakter.

Freiberger

Am Fürstenwald, 09599 Freiberg,
DEUTSCHLAND
www.freiberger-bier.de

Das Freiberger Brauhaus war das erste in Sachsen, das Pilsener produzierte. Andere exklusive Biere folgten: Freiberger Silberquell (1903) und Weizenbier (1909). Die Brauerei Eichbaum in Mannheim hat das Freiberger Brauhaus gekauft und ist dabei, es zu einem der modernsten Produzenten in Deutschland auszubauen.

Freibergisch Jubiläums-Festbier
MÄRZEN 5,8 VOL.-%
Mit seinen Malzaromen und einem dezenten Hopfengeschmack ist dieses bernsteinfarbene Bier körperreich.

Schwarzes Bergbier
SCHWARZBIER 4,7 VOL.-%
Tiefschwarz, körperreich und mit perfektem Gleichgewicht zwischen Malz und Hopfen.

Friedenfels

Schlossbrauerei Friedenfels, Gemmingenstr. 33, 95688 Friedenfels, **DEUTSCHLAND**
www.schlossbrauerei-friedenfels.de

Die Brauerei liegt im südlichen Teil des größten Waldes in Europa, und zwar zwischen Oberpfälzer Wald und Fichtelgebirge. Die Schlossbrauerei Friedenfels ist in der Region führend.

BRAUGEHEIMNIS: Mit dem reinen Quellwasser aus dem Nationalpark stellt die Brauerei seit mehr als 100 Jahren exzellente Biere her.

Friedenfelser Pils Leicht
LIGHT-BIER 2,8 VOL.-%
Dieses goldfarbene Bier hat nur wenig Alkohol und ist eher herb. Im Nachklang delikate Hopfenaromen.

Friedenfelser Weizen Leicht
WEIZENBIER (LIGHT-BIER) 2,7 VOL.-%
Dieses Bier durchläuft eine Gärung in der Flasche. Der Geschmack ist eine Mischung aus bitterem Hopfen, süßer Gerste und süßem Weizen.

Freistädter

Promenade 7, 4240 Freistadt,
ÖSTERREICH
www.freistaedter-bier.at

Diese Brauerei nahe der tschechischen Grenze besitzt die Rechtsform einer »Commune«, die auf das 18. Jh. zurückgeht, als die brauberechtigten Bürger von Freistadt sich zusammenschlossen. Bis heute sind diese Rechte erhalten geblieben, d. h., wer in der Stadt Immobilien besitzt, hält damit automatisch auch Brauereiaktien.

Rauchbier
RAUCHBIER 5,3 VOL.-%
Bernsteinfarben, in der Nase Rauchnoten; trocken und aromatisch, Balance zwischen Malz und Hopfen.

Ratsherrn Trunk
EXPORT 5,1 VOL.-%
Stabiler Schaum, voller Körper; leichte Hopfenbitterkeit mit Anklängen an Gras im Nachklang.

Füchschen

Ratinger Str. 28, 40213 Düsseldorf,
DEUTSCHLAND
www.fuechschen.de

Der Schwerpunkt der Brauerei im Füchschen liegt seit ihrer Gründung 1848 auf Altbier. Das Unternehmen wird heute in der vierten Generation von der Familie König geführt. Seit 1995 hat es zahlreiche Veränderungen gegeben, u. a. eine neue Brauanlage. Der Karneval in Düsseldorf ist eine gute Gelegenheit, das Altbier von Füchschen zu probieren.

Füchschen Alt
ALTBIER 4,5 VOL.-%
Dunkel mahagonifarben, ein typisches Düsseldorfer: malzig mit intensiven Hopfenaromen. Wenig Kohlensäure.

Silberfüchsen
WEIZENBIER 5,4 VOL.-%
Ein Weizenbier im norddeutschen Stil, weniger süß als bayerische Weizenbiere. Weich, fruchtig und spritzig.

Fuller's

Chiswick Lane South, London,
W4 2QB, **ENGLAND**
www.fullers.co.uk

Die letzte traditionelle Familienbrauerei in London. Sie wurde 1845 an der Stelle der ehemaligen Griffin Brewery in Chiswick ganz in der Nähe der Themse gegründet. An dieser Stelle wird schon seit 350 Jahren Bier gebraut. Obwohl Fuller's inzwischen ein Global Player ist, herrscht im Unternehmen der Geist einer kleinen Firma. Die Biere sind mit zahllosen Preisen ausgezeichnet worden – fünfmal mit dem Campaign For Real Ale Champion Beer of Britain.

London Pride
BITTER 4,1 VOL.-%
In der Nase fruchtig und malzig-süß, floral-würzige Hopfenaromen mit Untertönen von Marmelade.

ESB
EXTRA STRONG BITTER 5,5 VOL.-%
Komplexe Aromen mit der typischen Orangennote; spritzige Noten von Hopfen und Röstmalz.

Full Sail

506 Columbia Street, Hood River,
Oregon 97031, **USA**
www.fullsailbrewing.com

Full Sail verkörpert das, was für die junge Brauszene in den USA typisch ist. 1987 gegründet, ging die Brauerei 1999 in den Besitz der Angestellten über. Die Hauptprodukte von Full Sail (Amber, IPA und Pale Ale) haben in 15 westlichen Bundesstaaten einen großen Kreis von Abnehmern.

BRAUGEHEIMNIS: Die Brauerei stellt auch Saisonbiere mit dem LTD-Etikett (Living the Dream) her sowie kräftige Biere, die ganzjährig als Brewmaster's Reserve in den Handel kommen.

Amber
AMBER ALE 5,5 VOL.-%
Zitrusfrucht und Gewürz werden durch süße Aromen ausbalanciert. Sauberer Nachklang.

Session Lager
AMERIK. LAGER 5,1 VOL.-%
Ein Retro-Bier, das auf die Zeit vor der Prohibition zurückgeht, in entsprechend aufgemachter Abfüllung. Sauber und malzbetont.

Fürstenberg

Postplatz 1–4, 78166
Donaueschingen, **DEUTSCHLAND**
www.fuerstenberg.de

Heinrich von Fürstenberg erhielt 1283 das Braurecht, doch erst 300 Jahre später wurde die Brauerei errichtet. Heute gehört sie zu dem Kreis der erlesenen Brauereien, denen das Prädikat »Premium-Bier« zugesprochen wurde.

BRAUGEHEIMNIS: Die Biere werden mit Wasser aus dem Schwarzwald gebraut.

Fürstenberg Gold
LAGER 4,9 VOL.-%
Weich, mit nur wenig Hopfenaromen. Dieses klare Bier ist etwas süßer als gewöhnliche Lagerbiere.

Hefeweizen Dunkel
DUNKLES HEFEWEIZEN 5,4 VOL.-%
Kastanienfarben und spritzig; Malzaromen und leichte Karamellsüße, harmonisch ausgewogen; im Mund kräftig.

Fürstliches Brauhaus Ellingen

Schloss-Straße 19, 91792 Ellingen, **DEUTSCHLAND**
www.fuerst-carl.de

Der Inhaber Carl Friedrich Fürst von Wrede ist ein direkter Nachfahre von Napoleons Feldmarschall Carl Philipp, Fürst von Wrede. Die Brauerei gegenüber dem Ellinger Schloss wurde 1690 gegründet, aber gebraut wird in der Stadt sicherlich schon länger. Seit etwa 200 Jahren heißt das Bier Fürst Carl.

Fürst Carl Josefi Bock
BOCK 7 VOL.-%
Ein cremiges, malziges und körperreiches Bier mit einer samtig-weichen Textur.

Fürst Carl Urhell
LAGER 4,6 VOL.-%
Die hellgelbe Farbe ist typisch für ein Lagerbier; der Geschmack ist angenehm und nicht zu herb, sehr wenig Süße.

Galbraith's

2 Mt Eden Road, Mt Eden,
Auckland, **NEUSEELAND**
www.alehouse.co.nz

Galbraith's ist der erste Brewpub in Neuseeland, wo es handgepumptes Real Ale im englischen Stil gibt. Man bekommt dort auch ein hervorragendes Abteibier sowie hocharomatische Lagerbiere serviert, weiterhin einige importierte Biere und Biere von anderen neuseeländischen Craft Brewers.

Bellringers Bitter
ENGLISCHES BEST BITTER 4,5 VOL.-%
Ein kupferfarbenes Bier mit Keks und Toffee am Gaumen, viel erdigem Hopfen und trockenem Nachklang.

Bob Hudson's Bitter
ENGLISCHES BITTER 4 VOL.-%
Ein hocharomatisches Session-Bitter, das stark dem Landlord von Timothy Tayler ähnelt.

Gayant

63 Faubourg de Paris,
59500 Douai, **FRANKREICH**
www.brasseurs-gayant.com

Der Familienbetrieb Brasseurs de Gayant wurde 1919 gegründet und war seit jeher offen für neue Braumethoden – von obergärigen Ales bis hin zu Celta, dem ersten alkoholfreien Bier.

BRAUGEHEIMNIS: Bei Gayant wird das stärkste Bier Frankreichs hergestellt, nämlich das Bière du Démon mit 12 Vol.-%.

La Goudale
ALE 7,2 VOL.-%
Goldfarben, dicht und voller Malzaromen, dabei leichte Bitterkeit durch flämischen Hopfen.

Amadeus
WEIZENBIER 4,5 VOL.-%
Hellgelb und trüb; ein leichtes, erfrischendes Bier mit Aromen von Zitrusfrucht und Koriander.

Gilde

Hildesheimer Str. 132,
Hannover, **DEUTSCHLAND**
www.gildebrau.de

Es ist bald 500 Jahre her, dass Cord Broyhan den Hannoveranern sein obergäriges Bier vorstellte, das über mehrere Jahrhunderte in der Stadt beliebt war. Die Gilde Brauerei AG wurde 1870 gegründet und gehört heute zu Anheuser-Busch InBev.

BRAUGEHEIMNIS: Eine moderne Version des Broyhan wird heute für den Export in die USA hergestellt.

Ratskeller Premium Pils
PILSENER 4,9 VOL.-%
Ein herbes, goldgelbes Pilsener mit vollem Körper und typischer Hopfenbitterkeit; schöner Nachklang.

Lindener Special
EXPORT 5,1 VOL.-%
Das erfolgreichste Exportbier aus Niedersachsen; goldfarben, angenehmer Geschmack nach Hefeblume.

Girardin

Lindeberg 10–12,
1700 Sint-Ulriks-Kapelle, **BELGIEN**
www.specialitybeer.com

Die Brauerei ist denkbar rustikal und erinnert eher an einen Bauernhof als an eine Brauerei. Außerdem hat dieser authentische Lambic-Hersteller und Gueuze-Steker keine Zeit für neugierige Besucher. Wenn Sie sich allerdings mit Lambic eindecken wollen, wird man Ihnen gern zu diesem zitrusfruchtigen, spontangärigen Gebräu verhelfen.

Faro Girardin
LAMBIC-VERSCHNITT 5 VOL.-%
Aromen von Karamell, aber auch Fleisch und Holz, dabei leichte Säure. Gefiltert.

Girardin Fond Gueuze
GUEUZE 5 VOL.-%
Diese köstliche ungefilterte Gueuze schmeckt markant nach Grapefruit.

Glaabsbräu

Frankfurter Str. 9, 63500 Seligenstadt, **DEUTSCHLAND**
www.glaabsbraeu.de

Seit mehr als 250 Jahren ist die Brauerei im Besitz der Familie Glaab. Sie wurde 1744 gegründet und ist bekannt für ihr vielfältiges Sortiment, zu dem auch das »Malzbier« Vitamalz gehört. Glaabsbräu ist die einzige Privatbrauerei im Raum Offenbach.

1744
»KELLERTRÜBES« KELLERBIER 5,3 VOL.-%
Das bernsteinfarbene Bier hat einen charakteristischen Malzgeschmack.

Dunkles
DUNKEL 5,3 VOL.-%
Hell bernsteinfarben, leicht bittere Hopfenaromen vorherrschend. Schöner malziger Nachklang.

Goose Island

1800 West Fulton Street, Chicago,
Illinois 60612, **USA**
www.gooseisland.com

1995 baute das Unternehmen eine größere Brauerei, und schon innerhalb eines Jahres brachte Braumeister Greg Hall Dutzende verschiedener Bierarten auf den Markt. Den ursprünglichen Brewpub gibt es immer noch, ebenso einen weiteren in der Nähe von Wrigley Field. In beiden kann man durch Verkostungen, die man sich bestätigen lässt, den »MBA« erwerben (eine Art Treuekarte).

India Pale Ale
INDIA PALE ALE 5,9 VOL.-%
Ananas und Grapefruit, viel Hopfenaromen. Fruchtig-malziges Rückgrat, das die Bitterkeit ausbalanciert.

312 Urban Wheat
AMERIK. WEIZENBIER 4,2 VOL.-%
Ungefiltert und trüb, in der Nase Zitrusfrucht und Hopfen, aber eher süß. Herbfruchtig mit darunter liegender Bitterkeit.

Gourmet-bryggeriet

Bytoften 10–12, 4000 Roskilde,
DÄNEMARK
www.gourmetbryggeriet.dk

Die »Gourmet-Brauerei« ist eine der größten Mikrobrauereien in Dänemark. Die Brauerei arbeitet mit einem Chefkoch sowie einem Restaurant vor Ort zusammen, um speziell für Bier geeignete Gerichte zu kreieren. Das Restaurant wird mit hauseigenem Bier beliefert. Kürzlich erwarb die Gourmetbryggeriet die Brauerei Ølfabrikken.

Ølfabrikken Porter
PORTER 7,5 VOL.-%
Schwarz mit dicker Schaumkrone. Kräftiger Körper mit Noten von Kaffee, Schokolade und Lakritz.

Gourmetbryggeriet Bock
DOPPELBOCK 7,2 VOL.-%
Dunkel rötlich mit kräftigen Malz- und Karamellaromen, die den robusten Körper stützen.

Great Divide

2201 Arapahoe Street, Denver, Colorado 80205, **USA**
www.greatdivide.com

Great Divide Brewing, 1994 eröffnet, hat sich schnell durch sorgfältig ausgewogene Biere einen Namen gemacht. Inzwischen sind die Ales kräftiger, und die Brauerei ist noch bekannter geworden. Ihre Biere sind jedoch nach wie vor wunderbar ausgewogen. Der Sitz von Great Divide befindet sich ganz in der Nähe des Coors Field, wo das Rockies Baseball-Team beheimatet ist.

Hibernation Ale
OLD ALE 8,1 VOL.-%
Komplexe, erdige Nase voller Schokolade, gerösteter Nüsse und frisch gebackener Molasses Cookies – und noch mehr davon im Geschmack.

Titan IPA
INDIA PALE ALE 6,8 VOL.-%
Wuchtig, ausgewogen, üppiger karamell-süßer Körper, der die Hopfennoten (Kiefer, Grapefruit) austariert.

Great Lakes

2516 Market Avenue, Cleveland,
Ohio 44113, **USA**
www.greatlakesbrewing.com

Great Lakes Brewing in Ohio hat bei ihren Bieren, die für den Einzelhandel bestimmt sind, stets für hohe Qualität gesorgt. Das Gebäude in der Nähe des historischen West Side Market in Cleveland ist unbedingt einen Besuch wert. Der ursprüngliche Brewpub von 1988 befindet sich gegenüber der Brauerei. Dort zeigt man Besuchern gern die Einschusslöcher im Holz, die angeblich von Eliot Ness stammen – dem Mann, der Al Capone hinter Gitter brachte.

Edmund Fitzgerald Porter
PORTER 5,8 VOL.-%
Ausgewogen, durchgehend Schokoladen-Mokka, angenehm frisch; trockener Nachklang mit Kaffeenoten.

Eliot Ness
WIENER LAGER 6,2 VOL.-%
Kräftig und gut gehopft, ganz im Wiener Stil. Cremig-nussige Malznoten und lebhafte Hopfennoten.

Green Flash

1430 Vantage Court, Vista,
California 92081, **USA**
www.greenflashbrew.com

Green Flash bezieht sich auf seltene Lichtphänomene, die gelegentlich bei Sonnenauf- oder -untergang für wenige Sekunden an der Wasseroberfläche erkennbar sind. Grün passt ohnehin gut zu einer Brauerei, die im ganzen Land für ihre hopfenbetonten Biere bekannt ist. Doch Brauer Chuck Silva hat sich auch bei anderen Bieren als ausgesprochen kompetent erwiesen.

West Coast IPA
INDIA PALE ALE 7 VOL.-%
Gut ausgewogener Hopfen auf solider Malzbasis. Aromen von Erde, Blüten, Zitrusfrucht, Kiefer, Grapefruit. Bitter.

Nut Brown Ale
BROWN ALE 5,5 VOL.-%
Dunkelbraun, im Antrunk Aromen von Nüssen und Kakao, am Gaumen dazu Schokolade und Karamell. Verhaltene, erdige Hopfennoten.

Greene King

Bury St Edmunds, Suffolk,
IP33 1QT, **ENGLAND**
www.greeneking.co.uk

Alle Biere von Greene King werden in Bury St Edmunds produziert, wo schon im 11. Jh. Ale gebraut wurde. Benjamin Greene eröffnete seine Brauerei 1799, die sich 1887 mit dem Rivalen King zusammenschloss. In den vergangenen Jahren hat das Unternehmen mehrfach Konkurrenten aufgekauft, z. B. Morelad, Ruddles, Ridley's und Hardy & Hanson, und die Betriebe dann geschlossen. 2005 wurde auch Belhaven of Dunbar aufgekauft.

Abbot Ale
STRONG BITTER 5 VOL.-%
In der Nase keksartiges Malz und würziger Hopfen; spritzig bittersüße Frucht, am Gaumen Malz.

IPA
INDIA PALE ALE 3,6 VOL.-%
Kupferfarben; reiner, frischer Geschmack nach Hopfen; in der Nase subtile, süßliche Malznoten.

Grünbach

Kellerberg 2, 85461 Bockhorn,
DEUTSCHLAND
www.schlossbrauerei-gruenbach.de

Die Schlossbrauerei Grünbach hatte schon viele Eigentümer, darunter auch die Brauereien Paulaner und Erdinger. Seit 1989 wird sie von Alexander Noll geführt.

BRAUGEHEIMNIS: Das Grünbacher Weizenbier trägt den Namen des großen Braumeisters Benno Scharl, der sich im 18. Jh. auch durch sein Buch über Brautechniken einen Namen machte.

Altweizen Gold
WEIZENBIER 5,3 VOL.-%
Hell goldfarben, gut ausgewogen zwischen Hefe und Kohlensäure; spritzigherbe Frische.

Benno Scharl
WEIZENBIER 5,3 VOL.-%
Gelb und hefetrüb, im Geschmack mild und süß, angenehm und gut ausgewogen.

Guinness

St James's Gate, Dublin 8, **IRLAND**
www.guinness.com

Wenn Sie die Zeit genießen können, die es braucht, um ein großes Glas Guinness einzuschenken – 119,5 Sekunden –, dann wissen Sie auch, dass es sich um kein gewöhnliches Bier handelt. Guinness definiert, was Stout ist und was das typisch Irische ist. Gleichzeitig steht die Brauerei am St James's Gate für Neuerungen auf den Gebieten Physik, Chemie, Verpackung und Werbung. 250 Jahre nach Arthur Guinness' erstem Bier wird Guinness heute in 50 Ländern gebraut, erhältlich ist es in 150.

Guinness Original
STOUT 4,2 VOL.-%
Duft nach Kaffee mit Sahne, im Geschmack Fruchtnoten, Schokolade und später Hopfen.

Foreign Extra Stout
SPECIAL STOUT 7,5 VOL.-%
Duft nach Hopfen und angebranntem Toast; im Mund viel Malz, bitterer Kaffee und Lakritze.

Haake-Beck

Am Deich 18/19, 28365
Bremen, **DEUTSCHLAND**
www.haake-beck.de

Die Brauerei Haake-Beck wurde 1826 gegründet und gehört in Norddeutschland zu den bekanntesten Bierproduzenten. Meilensteine in der Geschichte waren die Einführung des Haake-Beck Kräusen und des ersten Maibocks 1950. Heute gehört Haake-Beck zu Anheuser-Busch InBev.

BRAUGEHEIMNIS: Haake-Becks Schwester ist das weltberühmte Beck's.

Haake-Beck 12
EXPORT 5 VOL.-%
Das Bier für die Fans von Werder Bremen. Ein süffiges goldfarbenes Bier mit angenehmer Süße, das gern von Frauen getrunken wird.

Edel Hell
LAGER 4,7 VOL.-%
Eine milde Alternative zum Pilsener, leicht süßlich, hat die typische goldene Farbe eines Lagerbiers.

Haandbryggeriet

Thornegaten 39, 3015 Drammen,
NORWEGEN
www.haandbryggeriet.net

Diese kleine Brauerei ist dafür bekannt, dass sie die norwegischen Brautraditionen aufrechterhält. Sie ist in einem 200 Jahre alten Holzhaus untergebracht und stellt ihr »flüssiges Brot« mit umweltfreundlichen Methoden her.

BRAUGEHEIMNIS: Neben alten Eichenfässern für Wein kommen auch Aquavit-Fässer zum Einsatz.

Dark Force
WHEAT STOUT 9 VOL.-%
Gebraut mit Weizen, geröstetem Malz und hauseigener Weizenhefe. Viele Hopfenaromen, deutlich bitter.

Norwegian Wood
TRADITIONAL ALE 6,5 VOL.-%
Gebraut aus geräuchertem Münchner sowie Karamell- und Schokoladenmalz; aromatisiert mit Wacholderzweigen und -beeren aus der Region.

Hacker-Pschorr

Hochstr. 75, 81541 München,
DEUTSCHLAND
www.hacker-pschorr.de

Hacker-Pschorr ist eine der Münchner Traditionsbrauereien. Das dazugehörige Restaurant ist eine Touristenattraktion, vor allem während des Oktoberfestes. Erste Brauaktivitäten sind aus dem Jahr 1417 belegt.

BRAUGEHEIMNIS: Die Biere enthalten keine Zusätze und entsprechen den Vorgaben des Reinheitsgebots.

Anno 1417
NATURTRÜBES KELLERBIER 5,5 VOL.-%
Ungefiltert, naturtrüb, matt goldfarben. Sehr weich.

Superior
MÜNCHNER SPEZIALBIER 6 VOL.-%
Dieses klare, bernsteinfarbene Bier schmeckt malzig-aromatisch mit nicht zu viel Hopfen.

Hair of the Dog

4509 Southeast 23rd Avenue,
Portland, Oregon 97202, **USA**
www.hairofthedog.com

Brauer Alan Sprints gründete diese Kultbrauerei 1994. Sein erstes Bier, das Adam, wurde im Stil des Dortmunder Adambiers gebraut und basiert auf Recherchen von Fred Eckhardt.

BRAUGEHEIMNIS: Jede Flasche trägt eine Chargen-Nummer. Auf der Homepage können Sie damit die Brau- und Abfülldaten herausfinden.

Adam
STRONG ALE 10 VOL.-%
Üppig-komplex, dunkle Früchte, Brot, Schokolade, geräucherter Torf und andere Aromen.

Fred
STRONG ALE 10 VOL.-%
Dieses Bier, benannt nach Fred Eckhardt, widersetzt sich jeder Kategorisierung. Dunkle und saftige Früchte, Gewürze und Hopfen.

Hakusekikan

5251-1 Hirukawa Tahara,
Nagatsugawa, Gifu 509-8301, **JAPAN**
www.hakusekikan-beer.jp

Eine der bedeutendsten Brauereien in Japan, die bei der Herstellung verschiedener Sorten an die Grenzen geht. Chefbrauer Satoshi Niwa versteht sein Handwerk ganz hervorragend. Er experimentiert z. B. mit wilden Hefen sowie Fassreifung und dehnt den Gärprozess lange aus. Auf diese Weise entstehen einzigartige Biere.

Super Vintage
STRONG ALE 14,3 VOL.-%
Ein erstaunlich fruchtiges, komplexes Bier mit überraschend trockenem Nachklang. Im Beer Club Popeye in Tokio immer zu haben.

Smoked Pale Ale
PALE ALE 5 VOL.-%
Ein Session-Bier mit Anklängen an Röstmalz; die Raucharomen erscheinen erst im Nachklang.

Hambleton

Holme-on-Swale, North Yorkshire,
YO7 4JE, **ENGLAND**
www.hambletonales.co.uk

Investitionen in Höhe von knapp 1,3 Mio. Euro haben Hambleton quasi zu einer neuen Brauerei gemacht – mit einer hochmodernen Abfüllanlage. Innovation wird seit der Gründung 1991 groß geschrieben. Die Preise, mit denen Hambleton-Biere ausgezeichnet wurden, z. B. eine Serie glutenfreier Biere, haben sie unbedingt verdient.

Stallion
BITTER 4,2 VOL.-%
Ein typisches Bitter Ale aus Yorkshire: malziger Charakter und dabei nussig, mit viel Hopfen gebraut.

Nightmare
PORTER 5 VOL.-%
Ein Extra Stout Porter, gebraut mit vier verschiedenen Malzsorten, daher sehr vielschichtig.

Harpoon

306 Northern Avenue, Boston,
Massachusetts 02210, **USA**
www.harpoonbrewery.com

Harpoon hat größere Niederlassungen in Boston und Vermont und ist vor allem Liebhabern von hopfenbetonten Spezialbieren ein Begriff. Das Flaggschiff ist das IPA, das etwa 60 % des Absatzes ausmacht. UFO (auf Weizenbasis) ist die Marke mit den höchsten Zuwachsraten, und die 100 Barrel Series mit nur einmalig hergestellten Bieren sorgt immer für Abwechslung.

IPA
INDIA PALE ALE 5,9 VOL.-%
Im Antrunk Blütenaromen, dann Zitrusschalen. Im Geschmack mehr Hopfen, am Gaumen keksartig, im Nachklang verhaltene Bitterkeit.

Munich Dark
MÜNCHNER DUNKEL 5,5 VOL.-%
Üppig, fast süß, mit Anklängen an Toast, dann Schokolade. Verhaltener Hopfen; langer, weicher Nachklang.

Harveys

Lewes, East Sussex, BN7 2AH,
ENGLAND
www.harveys.org.uk

Heute sind es die Nachfahren von John Harvey in der siebten Generation, die in das Brauereigeschäft involviert sind. Gärhaus und Keller sind im Wesentlichen bis heute unverändert geblieben. Gebraut wird mit einer modernen Anlage, die eine erhebliche Steigerung der Produktionsmenge ermöglichte.

Blue Label
PALE ALE 3,6 VOL.-%
Köstlich vollmundig bei geringem Alkoholgehalt; ein Hauch von Hopfen, als Gegengewicht süßes Malz.

Armada Ale
BEST BITTER 4,5 VOL.-%
Bernsteinfarben, gut ausgewogene Kombination von Frucht und Hopfen am Gaumen.

Harviestoun

Alva, Clackmannanshire,
FK12 5DQ, **SCHOTTLAND**
www.harviestoun-brewery.co.uk

Als die Brauerei 1984 gegründet wurde, standen vor allem die Neugier und die Freude an natürlichen Zutaten im Vordergrund. Investitionen und eine speziell angefertigte Brauanlage sorgten dafür, dass Harviestoun-Biere schon mehrfach mit Preisen ausgezeichnet wurden. Seit 2006 gehört die Brauerei zur Caledonian Brewery.

Bitter & Twisted
BITTER 4,2 VOL.-%
Reife Hopfenaromen mit Noten von Grapefruit und Zitrone, gepaart mit einem deutlichen Malzcharakter.

Schiehallion
PREMIUM LAGER 4,8 VOL.-%
Ein Fassbier, das mit bayerischem Hopfen gebraut wird und daher köstlich duftet. Anhaltend malzig.

Hawkshead

Staveley, Cumbria,
LA8 9LR, **ENGLAND**
www.hawksheadbrewery.co.uk

Der Schwerpunkt liegt auf traditionellen Bierarten, die dem heutigen Geschmack angepasst wurden. Seit 2006 arbeitet Hawkshead mit einer hochmodernen 3200-l-Brauanlage in einem ehemaligen Bauernhof. Von den Gasträumen aus, wo preisgekrönte Ales serviert werden, können die Bierliebhaber den Brauprozess verfolgen.

Hawkshead Red
RED ALE 4,2 VOL.-%
Ein bittersüßes, rötliches Ale, am Gaumen malzig-würzig mit saftigen, holzigen Aromen.

Hawkshead Gold
BEST BITTER 4,4 VOL.-%
Eindeutig bitter, dabei bedingen englischer und amerikanischer Hopfen komplexe Fruchtaromen.

Herold

262 72 Březnice,
TSCHECHISCHE REPUBLIK
www.pivovar-herold.cz

Die Brauerei ist in einem schön restaurierten Barockschloss in Březnice untergebracht. Sie ist auf Lagerbiere im Pilsener-Stil spezialisiert, die auf traditionelle Weise frei nach dem Motto »klein, aber fein« in geringen Mengen hergestellt werden.

BRAUGEHEIMNIS: Das Wasser stammt aus hauseigener Quelle, und das Getreide wird vor Ort gemälzt.

Bohemian Black Lager
DUNKLES LAGER 4,1 VOL.-%
Ein Lagerbier im Schwarzbier-Stil; Aromen von Bitterschokolade und leichte, malzige Süße; langer, trockener und leicht rauchiger Nachklang.

Premium Bohemian Lager
PREMIUM LAGER 5,1 VOL.-%
Körperreich, dabei weiche Textur; typischerweise cremiges Malz, spät aufkommender herber Hopfen.

Herrngiersdorf

Schlossallee 5, 84097 Herrngiersdorf, **DEUTSCHLAND**
www.schlossbrauerei-herrngiersdorf.de

Herrngiersdorf liegt mitten im niederbayerischen Hügelland zwischen Regensburg und Landshut. Nach eigenen Aussagen ist die Schlossbrauerei Herrngiersdorf, die seit 1131 existiert, die älteste Privatbrauerei der Welt. Seit 1899 ist sie im Besitz der Familie Pausinger und wird seit 1995 von der sechsten Generation geführt.

Sündenbock
BOCK 7,3 VOL.-%
Hell goldfarbenes Bier, vollmundig, mit ausgeprägt feinherber Hopfenbittere.

Publiner
DUNKEL 4,9 VOL.-%
Dieses sehr dunkle Bier ist hocharomatisch; intensive Aromen von Röstmalz und leichter Hopfenbitterkeit.

High Falls

445 St. Paul Street, Rochester,
New York 14605, **USA**
www.geneseebeer.com

High Falls wurde 2009 an KPS Capital verkauft und firmiert seither wieder unter dem ursprünglichen Namen Genesee Brewing Company. Nach wie vor werden die Biere im alten Stil gebraut, und zwar an der Stelle, wo sie seit 1878 hergestellt werden. Auch die traditionellen JW-Dundee-Ales werden von Genesee produziert.

BRAUGEHEIMNIS: Genesee ist eine der größten und ältesten Brauereien, die durchgehend in Betrieb waren.

Genesee Cream Ale
CREAM ALE 4,9 VOL.-%
Hell, leicht süß, mit Noten von geröstetem Mais; weich.

JW Dundee's IPA
INDIA PALE ALE 6,3 VOL.-%
Ein Saisonbier für den Sommer. Relativ süßer Karamellcharakter, mehr Bitterkeit als Hopfenaroma. Im Nachklang spröde.

Hite

640, Yeongdeungpo-Dong,
Yeongdeungpo, Seoul,
REPUBLIK KOREA
www.hite.com

Die heutige Hite-Brauerei wurde 1933 unter dem Namen Chosun gegründet und ist heute das führende Brauereiunternehmen in der Republik Korea. Sie produziert 60% des national abgesetzten Biers. Carlsberg ist einer der wichtigen Investoren bei Hite. Die Produktion beträgt 7 Mio. hl pro Jahr. Hite produziert auch einen Reiswein.

Hite
LAGER 4,5 VOL.-%
Ein goldfarbenes, leichtes und süffiges Bier, das etwas nach Kaugummi schmeckt.

Prime Max
LAGER 4,5 VOL.-%
Ein hell orangefarbenes Bier, das nach Mais duftet; Anklänge an Keks und Zitrusfrucht.

Hoegaarden

Stoopkensstraat 46,
3320 Hoegaarden, **BELGIEN**
www.inbev.com

Die Marke Hoegaarden, das geistige Kind von Pierre Celis, gehört heute zum riesigen Portfolio von Anheuser-Busch InBev. In der Hoegaarden-Brauerei herrscht nach wie vor der Geist von Celis, der mit seinem Witbier in Belgien geradezu eine Revolution ausgelöst hat. Pläne, die Brauerei zu schließen, stießen 2005 auf erbitterten Protest.

Hoegaarden Wit
WITBIER 4,9 VOL.-%

Schon Anfang des 18. Jh. wurden Bitterorangen nach Hoegaarden importiert. Die Schalen werden getrocknet und mit Koriandersamen gemischt, was dem Hoegaardener Witbier seinen fruchtig-würzigen Charakter verleiht.

Hofbräu München

Hofbräuallee 1, 81829 München,
DEUTSCHLAND
www.hofbraeuhaus.com

Das Hofbräuhaus in München ist weltberühmt und wird von Touristen aus aller Herren Länder aufgesucht. Es wurde 1607 von Herzog Maximilian I. gegründet. Gebraut wird heute außerhalb der City in Riem.

BRAUGEHEIMNIS: Das Wasser für die Hofbräu-Biere stammt aus 150 m Tiefe.

Hofbräu Original
MÜNCHNER HELLES 5,1 VOL.-%
Dieses hell goldfarbene Bier ist erfrischend und herb. Malz und Hopfen sind harmonisch ausbalanciert.

Hofbräu Dunkel
DUNKEL 5,5 VOL.-%
Dies ist die älteste bayerische Bierart; dunkel bernsteinfarben, hocharomatisch und voller verführerischer Malzaromen.

Hogs Back

Tongham, Surrey, GU10 1DE,
ENGLAND
www.hogsback.co.uk

Hogs Back nahm den Betrieb 1992 in einem alten Bauernhof aus dem 18. Jh. auf. Seither wurde die Brauerei mehrfach vergrößert, auch das Gärhaus wurde neu ausgestattet. Einige Biere von Hogs Back wurden schon mit Preisen ausgezeichnet.

BRAUGEHEIMNIS: Am Ende des Kochvorgangs wird Hopfen in den Sud gegeben, wodurch das Bier aromatischer wird.

Traditional English Ale / TEA
BEST BITTER 4,2 VOL.-%
Delikate Frucht in der Nase, bittersüßer Geschmack und langer, trockener Nachklang.

Hogs Back Bitter
BITTER 3,7 VOL.-%
Ein von Keksaromen bestimmtes Session-Bier mit Zitrusfruchtaromen, im Nachklang leichte Malznoten.

Holden's

Woodsetton, Dudley, West Midlands,
DY1 4LW, **ENGLAND**
www.holdensbrewery.co.uk

Familienmitglieder der dritten und vierten Generation führen heute die in den 1920er-Jahren gegründete Brauerei. Sie begann zunächst als Brewpub, bevor sie expandierte und ein zweistöckiges Gebäude bezog.

BRAUGEHEIMNIS: Das Mild wird aus Amber Malt, Caramalz und dunklem Malz sowie Fuggles Hopfen gebraut.

Holden's Golden
BITTER 3,9 VOL.-%
In diesem strohfarbenen Ale mischen sich Fuggles Hopfen und Maris Otter Malz; mittlerer Körper.

Black Country Mild
MILD 3,7 VOL.-%
Kräftig kastanienbraun-rötlich, nussige Keksaromen umhüllt von Schokolade, Karamell und erdigem Hopfen.

Holt

Cheetham, Manchester,
M3 1JD, **ENGLAND**
www.joseph-holt.com

Holt ist einer der seltenen Familienbetriebe in einem Geschäft, das zunehmend von großen Konzernen geprägt wird. Man bekennt sich dazu, altmodisch zu sein, was aber nicht rückständig heißt. Dank guter Planung und klar definierter Ziele konnten die Brauerei und die von ihr betriebenen 127 Pubs stetig expandieren.

Holt 1849
BEST BITTER 4,5 VOL.-%
Zum 150. Geburtstag der Brauerei kreiert, mit festlich prickelnden, großzügigen Hopfenaromen.

Holt Bitter
BITTER 4 VOL.-%
Würziger Hopfen dominiert; herbe Fruchtigkeit, gemildert durch keksartiges Malz und bittersüße Frucht.

Hook Norton

Banbury, Oxfordshire, OX15 5NY,
ENGLAND
www.hooky.co.uk

Hook Norton ist ein gutes Beispiel für eine »Tower Brewery« im viktorianischen Stil. Sie arbeitet z. T. noch mit Dampfkraft. Hook Norton beliefert Pubs in der Nähe noch mit Pferdekutschen, was zeigt, dass der Brauerei an der Pflege der Tradition liegt. Dennoch produziert Hook Norton einige der ungewöhnlichsten Ales im Land.

Old Hooky
STRONG BITTER 4,6 VOL.-%
Ausgewogen, mit pikanten Fruchtnoten und Malzaroma, das einen bitteren Nachklang abrundet.

Hooky Bitter
BITTER 3,6 VOL.-%
Subtiler Hopfen in der Nase, dann erscheinen Malz und Frucht; im Nachklang wieder Hopfen.

BIERTOUR

COTSWOLDS, ENGLAND

Der Ort Hook Norton im Norden von Oxfordshire ist ideal, um von dort aus die Region Cotswolds und die Stadt Oxford zu erkunden. Reisende können in den drei vorgestellten Pubs auch eine Unterkunft finden.

1 TAG 1: **HOOK NORTON BREWERY**
Hook Norton ist ein fast perfektes Beispiel für eine »Tower Brewery« im viktorianischen Stil. Nach wie vor wird mit Dampfkraft gearbeitet, was die Bierherstellung zu einem geradezu sinnlichen Erlebnis macht. Nur bestes Malz findet hier den Weg in die Maische, und beim Abfließen der Würze wird der Trester von Hand entfernt. Der magische Prozess, der die Würze in ein alkoholisches Getränk umwandelt, findet in offenen Gärbottichen statt. Die Pubs vor Ort werden noch heute mit der Pferdekutsche beliefert. Das Besucherzentrum der Brauerei ist von Montag bis Samstag geöffnet, Führungen können über die Website gebucht werden. Anschließend findet eine Verkostung statt. ***Brewery Lane, Hook Norton (www.hooky.co.uk)***

2 TAG 2: **WYCHWOOD BREWERY**
Die Fahrt von Hook Norton nach Witney führt durch eine herrliche Landschaft. Am Ende steht der Besuch der Wychwood Brewery. Während der rund zweistündigen Führungen, die online gebucht werden können, wird den Besuchern der gesamte Brauprozess von den Rohmaterialien bis hin zum fertigen Bier erläutert. In der Wychwood Brewery werden auch Brakspear-Biere hergestellt. ***Eagle Maltings, The Crofts, Witney (www.wychwood.co.uk)***

3 **THE KING'S HEAD INN**
Bevor Sie nach Hook Norton zurückkehren, sollten Sie unbedingt der Mikrobrauerei Cotswold Brewing in Foscot einen Besuch abstatten. Interessanterweise stellt Braumeister Richard Keene hier Biere im kontinentaleuropäischen Stil her. Im King's Head Inn bei Bledington kann man wunderbar Biere von Cotswold Brewing probieren. ***The King's Head Inn, The Green, Bledington (www.thekingsheadinn.net)***

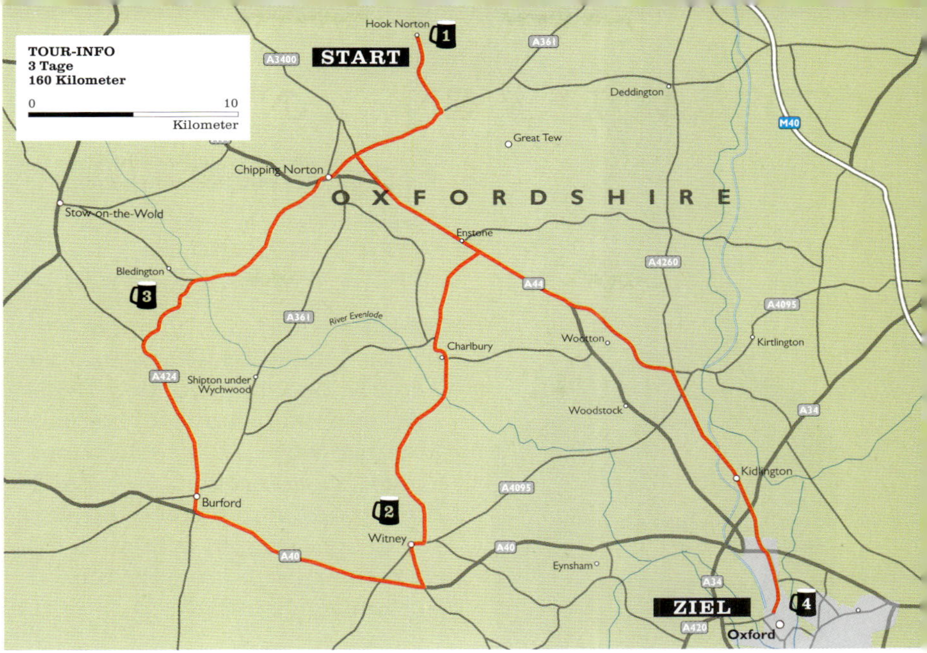

TAG 3: OXFORD

Am dritten Tag unserer Biertour können Sie einige der berühmten Pubs in der Altstadt von Oxford aufsuchen – hier kommen gutes Bier, Kultur und Geselligkeit zusammen.

The Bear

The Bear ist in einer schmalen Straße zwischen Christ Church und dem Oriel College zu finden. Angeblich ist es der älteste Pub in der Stadt. In der Nähe sollen früher Bärenkämpfe stattgefunden haben.
6 Alfred Street, Oxford

King's Arms

King's Arms liegt am Ende der Broad Street, die für ihre Colleges und Buchhandlungen bekannt ist. Der Pub wird von den Einheimischen stark frequentiert.
40 Holywell Street, Oxford

Turf Tavern

Schwer zu finden, aber die Suche lohnt sich: Die Turf Tavern ist auf dem letzten verbleibenden Stück Stadtmauer gebaut. Man bekommt dort eine hervorragende Auswahl britischer Biere. *Bath Place, Holywell, Oxford (www.theturftavern.co.uk)*

Eagle & Child

Das Eagle & Child nahe des Ashmolean Museum war die Lieblingskneipe von Schriftstellern wie J. R. R. Tolkien und C. S. Lewis, um die sich in den 1930er-Jahren der Literatenkreis Inklings gebildet hatte.
49 St Giles, Oxford

Hop Back

Downton, Salisbury, Wiltshire,
SP5 3HU, **ENGLAND**
www.hopback.co.uk

Aus den Anfängen in einem Keller der Gaststätte The Wyndham Arms in Salisbury (in den 1980er-Jahren) ist die Brauerei längst hinausgewachsen und hat sich erheblich vergrößert. Hop-Back-Biere wurden mehrfach mit Preisen ausgezeichnet, z. B. auch das zum Kernsortiment gehörende Summer Lightning.

Summer Lightning
STRONG BITTER 5 VOL.-%
Intensiv bitter, mit grasigem, frischem Hopfenaroma und anhaltenden Malznoten am Gaumen.

Crop Circle
BITTER 4,2 VOL.-%
Die Mischung von Aroma- und Bitterhopfen verbindet sich mit Maisnoten und macht das Bier fruchtig-frisch.

Hopworks/HUB

2944 SE Powell Boulevard, Portland, Oregon 97202, **USA**
www.hopworksbeer.com

Die Hopworks Urban Brewery in Portland stellt ausschließlich Bio-Biere her – das ist ihr Beitrag zu einer »grünen Kultur«. Braumeister und Inhaber Christian Ettinger war der Erste, der in Portland Bio-Biere herstellte.

BRAUGEHEIMNIS: Bei HUB wird der Sudkessel mit Bio-Diesel erhitzt.

Velvet ESB
SPECIAL BITTER 5,2 VOL.-%
Ein Session-Ale nach amerikanischem Standard: üppige Karamellnoten, am Gaumen weich, dabei deutlicher Hopfencharakter.

Organic IPA
INDIA PALE ALE 6,6 VOL.-%
Frischer Hopfenduft: Kiefer, Grapefruit und Zitrusschalen. Bitterkeit ausgewogen durch Malzcharakter.

Hue

243 Nguyen Sinh Cung
Hue City, **VIETNAM**

Die Brauerei hat ihren Sitz in Hue, in der ehemaligen Hauptstadt von Vietnam, am Ufer des legendären Parfümflusses. Carlsberg ist seit 1993 in Vietnam präsent (seit das Unternehmen 60% der South East Asia Brewery im Norden des Landes erwarb) und hält 50% Anteile der Hue-Brauerei.

Hue

LAGER 5 VOL.-%

Ein maisgelbes Bier mit dünnem, weißem Schaum und irgendwie auch dünnem Körper. Ein süffiges Bier ohne Überraschungen, in der Nase Anklänge an Toast. Nicht sehr komplex, dafür aber erfrischend.

Huvila

Puistokatu 4, 57100,
Savonlinna, **FINNLAND**
www.panimoravintolahuvila.fi

Diese handwerklich arbeitende Brauerei stellt Ales nach britischem Vorbild, *sideri* (Cider) und *Sahti* her. Sie liegt in dem touristischen Gebiet des Saimaa-Sees. Im Restaurant von Huvila kann man sehr gut essen, weiterhin gibt es Livemusik, Brauereiführungen und Braukurse.

BRAUGEHEIMNIS: Sämtliche Huvila-Biere sind ungefiltert.

Huvila Porter
PORTER 5,5 VOL.-%
Englisches geröstetes Malz sorgt für kaffeeartige Röstaromen mit Anklängen an Schokolade.

Huvila ESB
STRONG BITTER 5,2 VOL.-%
Kräftig gehopft mit fruchtig-blumigem Duft; im Geschmack komplex, langer, bitterer Nachklang.

Hydes

46 Moss Lane West, Manchester,
M15 5PH, **ENGLAND**
www.hydesbrewery.com

Hydes ist ein weiterer Familienbetrieb, dem es gelungen ist, eine Marktnische in seiner Heimatregion zu finden. Hydes Original wird nach wie vor nach dem gleichen Rezept gebraut wie am ersten Tag – und das war immerhin 1863. Bei Hydes blickt man sehr zuversichtlich in die Zukunft.

Hydes Original
BITTER 3,8 VOL.-%
Ein Klassiker aus dem Nordwesten: kupferfarben, körperreich und mit deutlich bittersüßem Geschmack.

Dark Mild
MILD 3,5 VOL.-%
In der Nase Frucht und Malz; komplexer Geschmack zwischen Beerenfrüchten, Malz und Schokolade.

Ilzer Sörgyár

Ilzer Sörgyár Rt., 2200,
Monor, **UNGARN**

Die Brauerei liegt etwa 35 km südlich von Budapest. Sie wurde Anfang der 1990er-Jahre gegründet, und ihr Sortiment umfasst ein dunkles Hefeweizen im bayerischen Stil, ein Diätbier mit wenig Zucker und ein koscheres Bier namens Shalom.

BRAUGEHEIMNIS: Ilzer war die erste Brauerei in Ungarn, die Weizenbier herstellte.

Ilzer Hefeweißbier
WEIZENBIER 5 VOL.-%
Gelbfarben und trüb mit dünnem Schaum. Anklänge von Banane und Gewürzen, Zitrusfrucht-Nachklang.

Ilzer Roggen Rozs Sör
ROGGENBIER 4,8 VOL.-%
Ein trübes Roggenbier mit einer gewissen Ursprünglichkeit. Durch den Roggen üppig würzige Noten.

Iron Hill

Verschiedene Standorte in Delaware and Pennsylvania, **USA**
www.ironhillbrewery.com

Die Iron Hill Brewery wurde nach einer Gedenkstätte für den Unabhängigkeitskrieg Ende des 18. Jh. in Delaware benannt. Inzwischen betreibt Iron Hill zahlreiche Brauereien und Restaurants. Das Sortiment in den Lokalen ist im Wesentlichen dasselbe, doch werden auch Spezialbiere ausgeschenkt, z. B. auch die Serie Iron Hill Reserve – in Flaschen mit Korken.

Russian Imperial Stout
IMPERIAL STOUT 9,5 VOL.-%
Duft nach üppiger dunkler Schokolade mit Kaffeenoten. Intensiver Geschmack nach Schokolade, ausbalanciert durch bittere Röstnoten.

Pig Iron Porter
PORTER 5,4 VOL.-%
Üppig mit Röstnoten, hocharomatische Mischung von Kaffee, Pflaume und dunklen Kirschen.

Jacobsen Brewhouse

Gamle Carlsberg Vej 11,
2500 Valby, **DÄNEMARK**
www.jacobsenbeer.com

Die Brauerei mit dem Namen des Carlsberg-Gründers wurde 2005 eröffnet. Sie produziert Spezialbiere mit skandinavischem Touch und ist in den historischen Gebäuden der Brauerei Carlsberg in Valby untergebracht.

BRAUGEHEIMNIS: Jacobsen stellt auch eine exklusive Vintage-Serie her, die in Eichenfässern reift.

Jacobsen Saaz Blonde
PALE ALE 7,1 VOL.-%
Engelwurz verleiht dem Bier einen wacholderartigen Geschmack mit Noten von Frucht und Hefe.

Jacobsen Extra Pilsener
PILSENER 5,5 VOL.-%
Ein Premium Pilsener, das mit typisch nordischen Zutaten gebraut wird, z. B. mit dänischem Pilsener Malz und schwedischem Sanddornsaft.

Jämtlands Bryggeri

Box 224, 831 23 Östersund,
SCHWEDEN
www.jamtlandsbryggeri.se

Diese Mikrobrauerei wurde 1996 gegründet. Hier werden unterschiedlichste Biere hergestellt, z. B. englisches Ale, Baltisches Porter und Wiener Lager. Sie gewinnt immer wieder Preise beim Stockholm Beer Festival.

BRAUGEHEIMNIS: Die Biere haben britische, deutsche und elsässische Vorbilder.

President
PORTER 4,8 VOL.-%
Dieses untergärige Bier ist mäßig bitter und hat das weiche Aroma von Saazer Hopfen.

Oatmeal Porter
PORTER 4,7 VOL.-%
Ein ungefiltertes, obergäriges Porter von rötlich schwarzer Farbe. Wie Espresso im Glas!

Jandelsbrunner

Hauptstr. 17, 94118 Jandelsbrunn,
DEUTSCHLAND
www.jandelsbrunner.de

Seit 1810 ist die Privatbrauerei Josef Lang in Jandelsbrunn im Besitz der Familie Lang. Sie hat im 20. Jh. für Modernisierungen in Form neuer Brau- und Abfüllanlagen und eines neuen Gärkellers gesorgt.

BRAUGEHEIMNIS: 2004 wurde eine Fotovoltaikanlage installiert, um die Sonnenenergie zum Brauen zu nutzen.

Doppelbock
DOPPELBOCK 8 VOL.-%
Ein mahagonifarbener Doppelbock, im Geschmack malzig, blumig und leicht süß, am Ende angenehme Bitternoten.

Ur-Weizen
WEIZENBIER 5,3 VOL.-%
Bernsteinfarben und hefetrüb, im Geschmack blumig mit mild-süßem Nachklang.

Jennings

Cockermouth, Cumbria,
CA13 9NE, **ENGLAND**
www.jenningsbrewery.co.uk

John Jennings hatte bereits 46 Jahre als Brauer gearbeitet, als er 1874 im Schatten des Cockermouth Castle seine eigene Brauerei eröffnete. Sie liegt am Zusammenfluss von Cocker und Derwent und gehört seit 2005 zu Marston's.

BRAUGEHEIMNIS: Eine der Hauptzutaten bei Jennings ist das reine Wasser aus dem Lake District.

Cumberland Ale
BITTER 4 VOL.-%
Florale Hopfenaromen; intensiver, vollmundiger Geschmack; fester, cremiger Körper; Nachklang trocken.

Sneck Lifter
STRONG BITTER 5,1 VOL.-%
Dunkel und faszinierend; komplexe Aromen, großzügig im Geschmack, mit Frucht und Röstmalz.

Jever

Elisabethufer 18, 26441 Jever,
DEUTSCHLAND
www.jever.de

Die Brauerei wurde vor 160 Jahren gegründet und arbeitet heute mit einer der modernsten Brauanlagen der Welt. Das Pilsener kam in den 1960er-Jahren während der »Pils-Welle« auf den Markt. Seit 2005 gehört Jever zur Radeberger Gruppe.

BRAUGEHEIMNIS: Jever ist bekannt für eines der bittersten Pilsener überhaupt.

Jever Fun
ALKOHOLFREI 0,25 VOL.-%
Enthält nur 18 kcal pro 100 ml und schmeckt ähnlich wie das Pilsener. Goldfarben und hopfenbitter.

Jever Pilsener
PILSENER 4,8 VOL.-%
Die Braumeister bei Jever verwenden viel Hopfen. Durch die Bitterstoffe ist das Pilsener sehr herb.

Jolly Pumpkin

3115 Broad Street, Dexter,
Michigan 48130, **USA**
www.jollypumpkin.com

Jolly Pumpkin ist in den USA einmalig, da die Biere mit wilden Hefen hergestellt werden und alle in Fässern reifen. Häufig werden die Biere verschnitten und durchlaufen eine zweite Gärung in der Flasche. Trotz der geringen Produktionsmenge hat Jolly Pumpkin Fans im ganzen Land.

Oro de Calabaza
BELG. STRONG GOLDEN ALE 8 VOL.-%
Goldfarben trüb, herb-würzig mit Garten- und Zitrusfrüchten. Reift durch längere Lagerung.

Bam-Biere
SAISON 4,5 VOL.-%
Hier übersteigt das Ergebnis noch die Qualität der Zutaten: vom Hopfen (Schaumkrone, trockener Nachklang) bis zum würzigen Malz.

Jopen

Minckelersweg 2a, 2031 EM Haarlem,
NIEDERLANDE
www.jopen.nl

Die Brauerei Jopen wurde 1994 mit der Absicht gegründet, alte holländische Bierstile wiederzubeleben. Jopen ist die einzige niederländische Brauerei, die sich auf lokale Spezialbiere konzentriert, die sonst nirgendwo auf der Welt hergestellt werden. Bald eröffnet ein Gasthaus, in dem die Jopen-Biere ausgeschenkt werden.

Jopen Koyt
GRUIT-BIER 8,5 VOL.-%
Ein Bier, das aus der Zeit stammt, als nicht mit Hopfen, sondern mit Kräutern gebraut wurde. Fruchtig-würzig.

Jopen Hoppenbier
AMBER ALE 6,5 VOL.-%
Gebraut nach einem Rezept von 1501 aus Gerste, Weizen und Hafer; Anklänge an Koriander, Ingwer und Nelken ergänzen würzigen Hopfen.

Kelham Island

Sheffield, South Yorkshire,
S3 8SA, **ENGLAND**
www.kelhambrewery.co.uk

Bevor Kelham Island 1990 eröffnet wurde, hatten die vier großen Brauereien in Sheffield den Betrieb aufgegeben. Umso bemerkenswerter ist der Erfolg von Kelham Island. Die Brauerei konnte schon viele Preise einheimsen.

BRAUGEHEIMNIS: Pale Rider und Easy Rider profitieren stark von hocharomatischen amerikanischen Hopfensorten.

Pale Rider
STRONG BITTER 5,2 VOL.-%
Ein mehrfach preisgekröntes Bier mit delikaten Fruchtaromen, profitiert vom Einsatz amerikanischen Hopfens.

Easy Rider
BITTER 4,3 VOL.-%
Ein subtiles, helles Ale; die bitteren Aromen zu Beginn weichen anhaltenden Fruchtnoten am Gaumen.

Keo

Franklin Roosevelt Ave, Limassol,
3602 **ZYPERN**
www.keogroup.com

Limassol ist der Haupthafen der Insel Zypern und zugleich die am schnellsten wachsende Stadt. Dort hat die Brauerei Keo ihren Standort, und zu einer Reise nach Limassol gehört ein Brauereibesuch unbedingt dazu. An Werktagen gibt es Führungen – die selbstverständlich im Verkostungsraum enden.

Keo
LAGER 4,5 VOL.-%
Ein helles Lagerbier mit dicker Schaumkrone und süßlich-malzigem Geschmack. Süffig.

Five Beer
LAGER 5 VOL.-%
Dunkel bernsteinfarben, im Geschmack viel Malz und wenig Bitterkeit. Im Nachklang süß.

Klein Duimpje

Parallelweg 2, 2182 CP Hillegom,
NIEDERLANDE
www.kleinduimpje.nl

Klein Duimpje ist die Brauerei des preisgekrönten Hobbybrauers Erik Bouman, dessen Porter 1997 beim Dutch Homebrewing Championchip als das beste von 400 ausgewählt wurde. Dies veranlasste Bouman, sein Hobby zum Beruf zu machen. Das ausgezeichnete Porter gehört nach wie vor zum Sortiment seiner obergärigen Biere.

Hillegoms Tarwe Bier
WITBIER 5,5 VOL.-%

Mit Koriander und Orangenschale aromatisiert – ein leicht süßes, würzig-zitrusfruchtiges Weizenbier.

Porter
PORTER 5,5 VOL.-%

An Espresso erinnerndes Röstmalz in Kombination mit schokoladiger Süße, unterstützt von Lakritz und Toast.

Kona

75-5629 Kuakini Highway, Kailua
Kona, Hawaii 97640, **USA**
www.konabrewingco.com

Kona Brewing erfreut sich in den USA landesweit hoher Absatzzahlen; schließlich bietet die Brauerei ihren Kunden »ein Stück vom Paradies im Glas«. Und der Absatz in 17 Bundesstaaten steigt immer weiter. Das Bier fürs Festland wird von der Vertragsbrauerei Widmer Brothers in Oregon hergestellt.

Pipeline Porter
PORTER 5,4 VOL.-%
Der Kona-Kaffee fügt sich gut in den Geschmack ein. Röstmalz, ölig, Noten von Schokolade.

Fire Rock Pale Ale
PALE ALE 6 VOL.-%
Rötlich-orange; leicht süßlicher Karamell; die würzigen und zitrusartigen Hopfennoten sind geschickt integriert und gut ausgewogen.

König Ludwig

König Ludwig Schlossbrauerei
Kaltenberg, Augsburger Str. 41,
82256 Fürstenfeldbruck,
DEUTSCHLAND
www.kaltenberg.de

Das Herrscherhaus der Wittelsbacher ist eng mit der Braukunst in Bayern verbunden. Inhaber der heutigen Brauerei ist Prinz Luitpold, der v. a. mit den Marken König Ludwig und Kaltenberg erfolgreich ist. Der Name Kaltenberg bezieht sich auf den Sitz der Brauerei im Schloss Kaltenberg.

König Ludwig Dunkel
DUNKEL 5,1 VOL.-%
Bernsteinfarben, Geschmack nach dunklem Malz und Hopfen – das beliebteste Dunkel in Deutschland.

König Ludwig Weißbier
WEIZENBIER 5,5 VOL.-%
Eins der beliebtesten Weizenbiere in Deutschland: gelb und trüb mit delikaten Hopfenaromen im Nachklang. Eine ungefilterte Spezialität.

De Koninck

Mechelsesteenweg 291,
2018 Antwerpen, **BELGIEN**
www.dekoninck.be

In Antwerpen ist Bier von De Koninck Kult – und die Antwerpener sind sehr stolz darauf. Vor allem das bernsteinfarbene Bolleke gibt es fast überall. Das Glas, in dem es serviert wird, heißt ebenfalls Bolleke.

BRAUGEHEIMNIS: Die Schankbierversion ist nicht pasteurisiert und wird am besten vor Ort getrunken.

De Koninck
BELGISCHES SPEZIALBIER 5 VOL.-%
Amber Malz, Restzucker und Hopfen geben diesem feinen Bier seine Ausgewogenheit. Es lässt Aromen von Schwefel und Keks erkennen. Besonders gut ist das De Koninck vom Fass.

Krone

Brauerei und Gasthof Krone,
F. Tauscher, Bärenplatz 7,
88069 Tettnang, **DEUTSCHLAND**
www.krone-tettnang.de

Die Kronen-Brauerei in Tettnang ist eine kleine handwerkliche Brauerei, die seit sieben Generationen der Familie Tauscher gehört. Seit 2002 ist die Brauerei Mitglied bei »Brauen mit Leib und Seele«, einem Zusammenschluss von kleineren Brauereien, die das »etwas andere« Bier brauen.

BRAUGEHEIMNIS: Diese Brauerei stellte 1993 das erste Bio-Bier aus der Bodenseeregion her.

Keller-Pils
PILSENER 4,7 VOL.-%
Ungefiltert mit der typischen Hopfenbitterkeit eines Pilseners, dabei etwas Malzsüße.

Kronen-Bier
LAGER 4,9 VOL.-%
Ein hocharomatisches Bier mit feinen Malzaromen; leichter Abgang mit herrlichen Hopfennoten.

Krušovice

270 53 Krušovice 1,
TSCHECHISCHE REPUBLIK
www.krusovice.cz

Als der ursprüngliche Eigentümer Jiří Birka die Brauerei 1581 an Kaiser Rudolf II. verkaufte, war auf der Inventarliste zu lesen: »Der Sudkessel ist aus Stein gefertigt, sodass er sofort einsatzbereit ist.« Birka würde die heute vollautomatisierte Brauerei nicht wiedererkennen. Sie ist die fünftgrößte in der Tschechischen Republik.

Krušovice Imperial
PREMIUM LAGER 5,5 VOL.-%
Trockene, strohige Aromen heben den bitteren Gaumen hervor; floraler Hopfen und Malz im Nachklang.

Krušovice Cerné
SCHWARZBIER 3,8 VOL.-%
Röstmalz und Karamell im Überfluss treffen auf erdige, nussige Noten; zitrusartiger Hopfen im Nachklang.

Kuhnhenn

5919 Chicago Road, Warren,
Michigan 48092, **USA**
www.kbrewery.com

Die Brüder Brett und Eric Kuhnhenn machten aus dem Eisenwarenladen, den ihr Vater 35 Jahre geführt hatte, eine kleine Brauerei und Winzerei und bieten darüber hinaus Kunden die Möglichkeit, ihr eigenes Bier zu brauen. Der Erfolg von Kuhnhenn zeigt, wie durch Mund-zu-Mund-Propaganda und das Internet kleine Betriebe zu Kultbrauereien werden können.

Raspberry Eisbock
EISBOCK 10,6 VOL.-%
Komplex, viele Himbeeren, dabei Schokolade und wärmender Alkohol; abschließend herbe Aromen.

Penetration Porter
PORTER 5,9 VOL.-%
Fast schwarz; gerösteter Kaffee, Schokolade und dunkle Früchte (u. a. Kirschen) in Nase und Mund. Zitrusartiger Hopfen im Nachklang.

Kulmbacher

Lichtenfelser Str. 9, 95326
Kulmbach, **DEUTSCHLAND**
www.kulmbacher.de

Kulmbach in Franken gilt als die heimliche Hauptstadt des Biers und ist Biertrinkern auf der ganzen Welt bekannt. 1846 schloss sich Wolfgang Reichel mit zwei anderen Brauern zusammen, und dies war der Beginn der Kulmbacher Brauerei. Inzwischen gehören einige Traditionsmarken zu Kulmbacher, und der jährliche Ausstoß liegt bei 300 Mio. l pro Jahr.

Mönchshof Schwarzbier

SCHWARZBIER 4,9 VOL.-%
Dunkles Malz und delikater Hopfen. Die Farbe und das feine Aroma sind typisch für Schwarzbiere.

Kapuziner Weißbier

WEIZENBIER 5,4 VOL.-%
Naturtrüb, spritzig, süß-fruchtig im Geschmack. Ein typischer Vertreter seiner Art.

Lagunitas

1280 North McDowell Boulevard,
Petaluma, California 94954, **USA**
www.lagunitas.com

Lagunitas ist für hopfenbetonte Biere bekannt. 2006 brachte die Brauerei eine neue Serie auf den Markt: Jedes Bier trägt den Namen eines Albums von Frank Zappa und kommt exakt 40 Jahre nach dem entsprechenden Album auf den Markt. Der Gründer Tony Magee erhielt vom Zappa Familiy Trust die Genehmigung, Elemente der Alben für die Etiketten zu verwenden.

India Pale Ale
INDIA PALE ALE 5,7 VOL.-%
Deutlich hopfenbetonter Charakter – Orange, Grapefruit, Pfirsich, Kiefer –, darunter malzige Süße.

Kill Ugly Radio
INDIA PALE ALE 7,8 VOL.-%
Nur in den USA ein Pale Ale. Karamell und Frucht-Ester werden durch würzig-bitteren, zitrusartigen Hopfen ausbalanciert.

Lakefront

1872 North Commerce Street,
Milwaukee, Wisconsin 53212, **USA**
www.lakefrontbrewery.com

Lakefront Brewing hat sich seit 1987 mit einer Serie robuster Biere einen Namen gemacht. Die New-Grist-Biere können inzwischen auch bei Glutenunverträglichkeit getrunken werden.

BRAUGEHEIMNIS: New Grist wird mit Sorghum, Hopfen, Wasser, Reis und glutenfreier Hefe, die auf Melasse gewachsen ist, gebraut.

New Grist
GLUTENFREI 5 VOL.-%
Viel Zitrusschale im Antrunk, am Gaumen leicht mit Anklängen an Frucht. Herb.

Riverwest Stein
VIENNA LAGER 6 VOL.-%
In der Nase leichte Röstaromen mit Anklängen an Karamell. Im Mund noch mehr Karamell und zitrusfruchtiger Hopfen. Holzuntertöne.

Lambrate

Via Adelchi 5, 20131 Milano,
ITALIEN
www.birrificiolambrate.com

Lambrate ist die erste Gasthausbrauerei in Mailand. Sie wurde 1996 von den Brüdern Davide und Giampaolo Sangiori mit Fabio Brocca gegründet, und zwar nach einem Besuch der Brouwerij 't IJ in Amsterdam. Kürzlich wurde das Sortiment um einige interessante Biere erweitert. Auf der Speisekarte stehen Biergerichte, z. B. in Biermaische geschmortes Schweinefleisch.

Ghisa
RAUCHBIER 5 VOL.-%
Ebenholzfarben, mit cappuccinoartigem Schaum; leicht rauchige Aromen, süffig, mit Noten von Pflaumen; langer, hopfenbetonter Nachklang.

Montestella
BLOND ALE 4,9 VOL.-%
Das Flaggschiff; hell, frische Aromen von Heu und Hopfen; langer, trockener und reinigender Nachklang.

Lao Brewery

Km 12 Thadeua Road,
Vientiane, **LAOS**
www.beerlao.la

Die Brauerei Lao nahm ihren Betrieb 1973 auf und hieß ursprünglich Brasseries et Glacières du Laos (BGL). 1975 ging sie in Staatseigentum über. 2002 erwarben Carlsberg und das thailändische Unternehmen TCC jeweils 25 % der Geschäftsanteile, der Rest ist weiterhin in den Händen der Regierung in Laos.

Beerlao
LAGER 5 VOL.-%
Gilt als das beste asiatische Bier; angenehm süß, dabei leicht bitter, Anklänge an Honig.

Beerlao Dark
LAGER 6,5 VOL.-%
Ein rötlich braunes Bier voller süßer Toffee- und Toastaromen. Kurzer, wärmender Nachklang.

Lees

Manchester, M24 2AX, **ENGLAND**
www.jwlees.co.uk

Als John Lee 1878 seine Brauerei gründete, boomte die Industrie in Manchester, und die Stadt wurde zur »Werkstatt der Welt«. Lees expandierte rasch, ebenso rasch wie die Zahl der Arbeit suchenden Zuwanderer. Heute wird die Brauerei von der sechsten Generation geführt, frei nach der Maxime: »Wir sind altmodisch und dabei topaktuell.«

Moonraker
BARLEY WINE 7,5 VOL.-%
Kräftig fruchtig mit einer üppigen Basis aus Röstnoten, leicht süßlich, im Nachklang eher trocken.

JW Lees Bitter
BITTER 4 VOL.-%
Ein klassisches, bernsteinfarbenes Bitter aus dem Norden, im Mund Malz, zitrusbetonter Nachklang.

Lefèbvre

Chemin du Croly 54,
1430 Quenast, **BELGIEN**
www.brasserielefebvre.be

Die Brauerei wurde 1876 von Jules Lefèbvre gegründet. Heute ist mit Paul Lefèbvre die sechste Generation am Zug.

BRAUGEHEIMNIS: Für ein Familienunternehmen hat Lefèbvre hochgesteckte Ziele: 80 % der Gesamtproduktion gehen in den Export.

Floreffe Double
ABTEIBIER DOUBLE 6,3 VOL.-%
Ein malzig-schokoladiges Bier, das durch Lagerung noch Aromen von Madeira und Portwein bekommt.

Saison 1900
SAISON 5,2 VOL.-%
Eines der wenigen Biere mit langer Tradition; delikate Bauernhof- und Rosenwasseraromen.

Left Hand

1265 Boston Avenue, Longmont,
Colorado 80501, **USA**
www.lefthandbrewing.com

Der Name der Brauerei geht auf den Arapahoe-Häuptling Niwot zurück, was »linke Hand« bedeutet. Ursprünglich stellte Left Hand Ales nach englischem Vorbild her. 1998 fusionierte die Brauerei mit Tabernash, wo man sich auf bayerische Biere spezialisiert hatte. Heute produziert das Unternehmen ganz verschiedene Bierarten, darunter auch einige Saisonbiere.

Milk Stout
MILK STOUT 5,3 VOL.-%
Komplex und weich, Schokolade und angebrannter Toast in Duft und Geschmack, durchgängig ausbalanciert durch cremige Süße.

Blackjack Porter
PORTER 5,2 VOL.-%
Schokolade- und Lakritzaromen, mittlerer Körper, dunkle Kirschen; weicher, trockener Nachklang.

Leinenkugel's

1 Jefferson Avenue, Chippewa Falls,
Wisconsin 54729, **USA**
www.leinie.com

Seit Miller Brewing 1988 die Mehrheitsanteile erwarb, ist die Jacob Leinenkugel Brewing Company zu einer der größten Regionalbrauereien der USA geworden.

BRAUGEHEIMNIS: Nach wie vor enthält das Sortiment der 1867 gegründeten Brauerei Biere, die an ihre deutschen Wurzeln erinnern.

Creamy Dark
AMERIK. DARK LAGER 4,9 VOL.-%
So cremig wie erwartet; cremiger Charakter mit Schokolade und Kaffee; trockener Nachklang.

Sunset Wheat
AMERIK. WEIZENBIER 4,9 VOL.-%
Leicht, aber komplex; in Nase und Mund ein aromatischer »Obstsalat«, dabei herber Weizen und würziger Koriander.

Liefmans

Aalststraat 200,
9700 Oudenaarde, **BELGIEN**
www.liefmans.be

Liefmans musste Ende 2007 Konkurs anmelden und wurde im Sommer 2008 von Duvel Moortgat übernommen. Duvel Moortgat will zumindest vorläufig die Produktion der Liefmans-Biere beibehalten.

BRAUGEHEIMNIS: Liefmans-Biere sind typische Vertreter des inzwischen seltenen Ouid Bruin aus Oudenaarde.

Liefmans Goudenband
OUD BRUIN **8** VOL.-%
Eine starke Variation dieses Stils. Durch die feine Säure hat das Bier ein gutes Potenzial zur Reifung.

Liefmans Kriek
OUD BRUIN **6** VOL.-%
Bei der Nachgärung werden Kirschen zugesetzt. Die ungesüßte Version vom Fass ist ausgezeichnet.

Lindemans

Lenniksebaan 1479,
1602 Vlezenbeek, **BELGIEN**
www.lindemans.be

Wenn man an Lambics denkt, hat man Bilder von kleinen Bauernhofbrauereien im Kopf. Zunächst scheint Lindemans dieser Vorstellung zu entsprechen, doch die Brauerei gehört zu den zehn größten in Belgien. Bekannt ist sie für ihre süßlichen Fruchtbiere. Fast die Hälfte der Gesamtproduktion geht in den Export.

Lindemans Gueuze Cuvée René
GUEUZE 5 VOL.-%
Diese Gueuze mit Aromen von Karamell und sauren Äpfeln war zunächst für den Export bestimmt.

Lindemans Kriek Cuvée René
KRIEK 5 VOL.-%
Dieses Flaschenbier ist noch ein Stück trockener als die süßere Fassversion.

Lion Brewery

700 North Pennsylvania Avenue,
Wilkes-Barre, Pennsylvania 18705,
USA
www.lionbrewery.com

Die Lion Brewery wurde 1905 gegründet und ist die letzte heute noch arbeitende Brauerei von den vielen, die es einst im Nordosten von Pennsylvania gab. Seit Kurzem besinnt sich die Lion Brewery wieder auf ihre Wurzeln und brachte die Marke Stegmaier heraus, die bis ins Jahr 1857 zurückreicht.

Steg 150
WIENER LAGER 5,5 VOL.-%
Duft nach warmem Toast, malzbetont, leicht süß, dabei aber weich.

Stegmaier Porter
PORTER 5,5 VOL.-%
Noten von süßer Schokolade und reifen Früchten, passend zu den warmen Malznoten und einem kaffeebitteren Nachklang.

Lion Brewery Ceylon

254 Colombo Road, Biyagama,
SRI LANKA
www.lionbeer.com

Das bekannteste Bier der Brauerei ist das flaschenvergorene Lion Stout. Es wird mit britischem, tschechischem und dänischem Malz gebraut sowie mit Styrian Goldings Hopfen und englischer Hefe. Diese Rohstoffe müssen möglichst schonend zur Brauerei gebracht werden, die auf 1000 m Höhe inmitten von Teepflanzungen liegt.

Lion Stout
STOUT 8 VOL.-%

Ein Weltklasse-Bier mit Aromen von Backpflaumen und Mokka. Der Körper löst eine teerartige, ölige Empfindung aus, im Nachklang Bitterschokolade. Durch den hohen Alkoholgehalt ist der Nachklang lang und wärmend.

Little Creatures

40 Mews Road, Fremantle,
Western Australien 6160,
AUSTRALIEN
www.littlecreatures.com.au

Die Mikrobrauerei Little Creatures ist in einem riesigen, an eine Flugzeughalle erinnernden Gebäude untergebracht. Dazu gehören auch eine Bar und ein Restaurant. Das Flaggschiff-Bier ist ein Pale Ale, das denen von Sierra Nevada aus Kalifornien ähnelt und unglaublich erfolgreich ist. Das Unternehmen plant derzeit eine massive Erweiterung der Produktion, Mottobars in Sydney und Melbourne sowie eine weitere Brauerei in Victoria.

Little Creatures Pale Ale
AMERIK. PALE ALE 5,2 VOL.-%
Aromen von Grapefruit; angenehmes Mundgefühl durch Malz und Zitrusfrucht; kräftig bitter.

Rogers Beer
AMBER ALE 3,8 VOL.-%
Keksartige Malznoten; am Gaumen Karamell und zitruswürziger Hopfen; kurzer Nachklang.

Locher

Industriestrasse 12, 9050 Appenzell,
SCHWEIZ
www.appenzellerbier.ch

Appenzell ist der kleinste Kanton in der Schweiz, dennoch haben die Biere aus dieser Regionalbrauerei einen weiten Bekanntheitsgrad erreicht.

BRAUGEHEIMNIS: Nachdem die Familie Locher in den 1990er-Jahren festgestellt hatte, dass bei Vollmond gebraute Biere besser gären, wurden die Vollmond-Biere entwickelt.

Vollmond
LAGER (BIO-BIER) 5,2 VOL.-%
Duft nach Hopfen und Zitronenschale; mittlerer Körper, angenehmes Mundgefühl; etwas hopfenbitter.

Holzfass-Bier
LAGER 5,2 VOL.-%
Duft nach Mais; sehr wenig Kohlensäure, deutliche Eichennoten von den Fässern, in denen das Bier reift.

Lord Nelson

19 Kent Street, The Rocks, Sydney,
New South Wales 2000,
AUSTRALIEN
www.lordnelsonbrewery.com

Der Brewpub Lord Nelson in Sydney ist über 20 Jahre alt und zieht nach wie vor Bierliebhaber in seine historischen Mauern – angeblich handelt es sich um den ältesten zugelassenen Pub der Stadt. Inzwischen braut Lord Nelson schmackhafte, komplexe Ales, die dem Ambiente angemessen sind.

Old Admiral
STRONG ALE 6,1 VOL.-%
Am Gaumen dichtes Malz mit pflaumenartigen Noten; lebhafte Bitterkeit, wärmender Nachklang.

Three Sheets
PALE ALE 4,9 VOL.-%
Malzig-fruchtiger Duft; malzbetont, mit Anklängen an Zitrusfrucht und Aprikose; gut abgerundete Bitterkeit.

Lost Abbey

155 Mata Way, San Marcos,
California 92069, **USA**
www.lostabbey.com

Die Port Brewing Company ging aus einer erfolgreichen Kette von Brewpubs hervor. The Lost Abbey gibt es seit 2006, und inzwischen stehen Kunden sogar Schlange für das Bier. Braumeister Tomme Arthur überwacht die Reifung der Biere. Das Ergebnis sind malzbetonte Biere, die ihren besonderen Charakter der Reifung in Holzfässern verdanken.

BRAUGEHEIMNIS: Die Holzfässer, in denen früher Wein oder Whisky gereift ist, bieten optimale Bedingungen für wilde Hefen.

Red Poppy
SOUR ALE 5,5 VOL.-%
Ein Brown Ale mit Sauerkirschen, das ein Jahr in Fässern aus französischer Eiche reift. Eiche, Säure.

Judgment Day
BELG. STRONG DARK ALE 10,5 VOL.-%
Dunkel und kräftig, fruchtiger Duft und Geschmack; Untertöne von Whisky-Malz und Schokolade.

Löwenbräu

Nymphenburger Str. 7,
80335 München, **DEUTSCHLAND**
www.loewenbraeu.de

Löwenbräu gehört zu den bekanntesten Biermarken überhaupt. Die Brauerei ist über 500 Jahre alt. Nur drei Jahre nach Kriegsende begann Löwenbräu wieder zu exportieren: erst in die Schweiz, dann aber auch in weiter entfernte Länder. 1997 schloss sich Löwenbräu mit der Spaten Brauerei zusammen, und beide gehören heute zu Anheuser-Busch InBev.

Löwenbräu Triumphator
DOPPELBOCK 7,6 VOL.-%
Dieses dunkelbraune Bockbier schmeckt intensiv nach Malz und hat nur subtile Hopfenaromen. Süßlich.

Löwenbräu Urtyp
EXPORT 5,4 VOL.-%
Ausgewogener Geschmack mit feinen Malzaromen; voller Körper, angenehm und frisch; milde Hopfenaromen im Nachklang.

Mad River

195 Taylor Way, Blue Lake,
California 95525, **USA**
www.madriverbrewing.com

Gründer Bob Smith ließ die Brauerei Mad River 1989 erbauen, wobei sehr viel recyceltes Material Verwendung fand. Seither wurde er mehrfach für seine Abfall vermeidende Arbeitsweise ausgezeichnet. Mad River verwendet 98 % aller Rückstände erneut und produziert nur 1 m^3 Müll im Monat – und das bei einem jährlichen Ausstoß von knapp 1 Mio. Liter Bier.

Jamaica Red Ale
AMBER ALE **6,6** VOL.-%
Ursprünglich für das jährlich stattfindende Reggae-Festival gebraut. In der Nase süßlich, Crystal Malz, kräftiger, erfrischender Hopfen.

Steelhead Scotch Porter
PORTER **6,4** VOL.-%
Ein Porter mit Röstmalz und leichter Säure. Komplexität durch Karamell und Rauch-Anklänge.

Magic Hat

5 Bartlett Road, Burlington,
Vermont 05403, **USA**
www.magichat.net

Die ungewöhnliche Aufmachung der Flaschen und die »stillosen« Biere von Magic Hat sorgen Jahr für Jahr für zweistellige Zuwachsraten. Seit 2008 sind Bauarbeiten im Gang, um die Kapazität zu verdoppeln und den Absatz wesentlich zu erweitern.

BRAUGEHEIMNIS: Die Orlio-Reihe wird auf biologischer Basis gebraut.

#9
PALE ALE 4,6 VOL.-%
Mit Aprikosen. Feine Noten von Steinfrüchten am Gaumen, manchmal buttrig. Trockener Nachklang.

Roxy Rolles
AMBER ALE 5,8 VOL.-%
Ein Bier für die Wintersaison. Viel Karamell und Grapefruit in Nase und Mund, ausbalanciert durch Bitterkeit gegen Ende.

Maisel

Hindenburgstr. 9, 95445 Bayreuth,
DEUTSCHLAND
www.maisel.com

Hans und Eberhardt Maisel gründeten die Brauerei 1887 in der Wagner-Stadt Bayreuth. 1955 entschied sich das Unternehmen, die Produktion auf Weizenbier zu konzentrieren, und wurde auf diesem Gebiet zum Trendsetter.

BRAUGEHEIMNIS: Das Erfolgsrezept von Maisel liegt im handwerklichen Können der Brauer.

Maisel's Weiße
WEIZENBIER 5,2 VOL.-%
Die Farbe ist rötlich glänzend. Das Bier hat fruchtige Noten und eine milde Nussigkeit im Nachklang.

Maisel's Dampfbier
SPEZIALBIER 4,9 VOL.-%
Die Kombination verschiedener Malzsorten und die obergärige Hefe verleihen diesem traditionellen Bier seinen besonderen Charakter.

Malt Shovel

99 Pyrmont Bridge Road, Camperdown, Sydney, New South Wales 2050, **AUSTRALIEN**
www.maltshovel.com.au

Die Craft Brewery Malt Shovel gehört zu Lion Nathan. Der aus den USA stammende Braumeister Dr. Charles »Chuck« Hahn hat ein beeindruckend vielfältiges Sortiment entwickelt. Die James-Squire-Biere tragen den Namen eines Strafgefangenen und Wegelagerers, der auch der erste Hopfenanbauer und Brauer in der Kolonie war. Malt Shovel bringt immer wieder bahnbrechende neue Biere auf den Markt.

Malt Shovel India Pale Ale
INDIA PALE ALE 5,6 VOL.-%
Angenehm im Mund durch karamellartiges Malz, ausbalanciert durch robusten Hopfengeschmack.

James Squire Porter
PORTER 5 VOL.-%
Anklänge an Kaffee, dunkle Schokolade und dunkle Früchte; ein opulentes Bier mit weichem Nachklang.

Marston's

Burton upon Trent, Staffordshire,
DE14 2BW, **ENGLAND**
www.marstonsbeercompany.co.uk

Das Unternehmen betreibt drei Brauereien: die Park Brewery in Wolverhampton, die Jennings Brewery in Cockermouth (Lake District) und die Albion Brewery in Burton-upon-Trent. Seit ihrer Gründung 1834 hat die Brauerei einige Konkurrenten aus den Midlands, aus Cumbria und aus Wales aufgekauft. 1999 wurde Marston's dann selbst von den Wolverhampton & Dudley Breweries übernommen und 2007 in Marston's PLC umbenannt.

Pedigree
BEST BITTER 4,4 VOL.-%
In Großbritannien eine Institution – mit süßlichen Hopfenaromen und typischen Anklängen an Schwefel.

Old Empire
INDIA PALE ALE 5,7 VOL.-%
Ein stilvolles India Pale Ale mit Aromen von Hopfen und Frucht; trockener, hopfenbetonter Nachklang.

Matilda Bay

130 Stirling Highway, North Fremantle, Western Australien 6159, **AUSTRALIEN**
www.matildabay.com.au

Matilda Bay ist die erste moderne Craft Brewery in Fremantle (1984 gegründet). 1990 wurde sie von Foster's aufgekauft. Zu den Original-Matilda-Bay-Bieren gehören das Redback (Hefeweizen) und das Dogbolter (dunkles Lagerbier), zu denen sich inzwischen viele andere, ganz unterschiedliche Biere gesellt haben. Die meisten Biere wurden unter Chefbrauer Brad Rogers entwickelt, der aber nach 15 Jahren das Unternehmen Foster's verlassen hat.

Dogbolter
DUNKLES LAGER 5,2 VOL.-%
Röstnoten mit dunkler Schokolade; am Gaumen komplex; weicher, kaffeeähnlicher Nachklang.

Bohemian Pilsener
TSCHECHISCHES PILSENER 5 VOL.-%
Solide Malzbasis, ausbalanciert durch üppige Hopfenbitterkeit.

McAuslan

5080 St-Ambroise, Montréal,
Québec, H4C 2G1, **KANADA**
www.mcauslan.com

McAuslan Brewing gibt es seit 1989, als der Heimbrauer Peter McAuslan beschloss, sein Hobby zum Beruf zu machen. McAuslan wurde schnell eine der besten Mikrobrauereien in der Region und war eine der ersten in Kanada, die ihr Bier in Flaschen abfüllte. Das Sortiment umfasst viele Saisonbiere.

St-Ambroise Apricot Ale
FRUCHTBIER (WEIZENBIER) 5 VOL.-%
Gebraut aus Weizen und Aprikosenextrakt; ein originelles Bier mit reiner, fruchtiger Nase.

St-Ambroise Oatmeal Stout
STOUT 5 VOL.-%
Gebraut aus dunklen Malzen und gerösteter Gerste; kräftige Noten von Espresso und Schokolade.

Meantime

Greenwich, London, SE7 8RX,
ENGLAND
www.meantimebrewing.com

Die Brauerei versucht bewusst, sich jeder Einordnung zu entziehen, denn Braumeister Alastair Hook strebt danach, die ganze Geschmacksfülle zu erreichen, die ein Bier haben kann.

BRAUGEHEIMNIS: Die Auseinandersetzung mit alten Biersorten und ihre Neuerschaffung spielen eine wichtige Rolle – z.B. beim India Pale Ale.

Meantime Chocolate
SPECIALITY STRONG BEER 6,5 VOL.-%
Komplexe Malzstruktur mit Aromen von dunkler Schokolade und Vanille sorgt für einen üppigen Genuss.

India Pale Ale
INDIA PALE ALE 7,5 VOL.-%
Gehopft mit Noten von Kräutern, Gewürz und Gras, die die Stärke des originalen IPA nachempfinden.

Mendocino

South Highway 101, Hopland,
California 13351, **USA**
www.mendobrew.com

Mendocino Brewing ist eine der ersten erfolgreichen »Boutique«-Brauereien (so wurden sie damals genannt). Sie eröffnete 1983 als Hopland Brewery und übernahm damals die Ausstattung, die Hefe und sogar einige der Angestellten von der einst wegweisenden New Albion Brewery, die damals schon stillgelegt war.

Red Tail Ale
AMBER ALE **6,1** VOL.-%
In der Nase erdig mit Anklängen an Gartenfrüchte. Schichten von cremigem Malz mit Lakritznoten.

Blue Heron
PALE ALE **6,1** VOL.-%
Im Antrunk Schalen von Zitrusfrüchten, die dann einer traditionell keksähnlichen Malzigkeit und einer mäßigen Bitterkeit Platz machen.

Mettlacher Abteibräu

Bahnhofstr. 32, 66693 Mettlach,
DEUTSCHLAND
www.abtei-brauerei.de

Die Brauerei hat sich auf ungefilterte Biere spezialisiert. Gäste können vom Restaurant aus den Brauprozess verfolgen. Die Brauer stellen vor allem regionaltypische Biere her und geben Braukurse.

BRAUGEHEIMNIS: Hochwertige Rohstoffe, moderne Technik und engagierte Brauer sind der Schlüssel zum Erfolg.

Abtei-Bock
BOCK 6,2 VOL.-%
Bockbier mit kräftigen Röstnoten und noch mehr Geschmack nach delikatem Hopfen.

Abtei-Josef-Sud
WEIZENBIER 5,1 VOL.-%
Dieses dunkel bernsteinfarbene, spritzige Bier hat die typischen Aromen einer Maische aus Weizen- und Gerstenmalz.

Michigan

1093 Highview Drive, Webberville,
Michigan 48892, **USA**
www.michiganbrewing.com

Michigan Brewing war schon eine der größten Brauereien des Landes, bevor sie die Marke Celis vom Braugiganten Miller übernahm. Heute ist sie für ihre Celis-Biere bekannt. Sie wurden ursprünglich von dem Belgier Pierre Celis gebraut (dem Brauer von Hoegaarden), bis dieser nach Texas ging. Celis war dabei, als die ersten Chargen in Michigan produziert wurden.

Celis White
WITBIER 4,25 VOL.-%
Trüb, würziger Koriander, durchgängig Zitrusfrucht, herber Weizen, aber weicher Nachklang.

Mackinac Pale Ale
PALE ALE 5,5 VOL.-%
Das Flaggschiff der Brauerei, hellgold-orangene Farbe, gute Malzfruchtigkeit. Erdige, zitrusartige Noten von amerikanischem Hopfen.

Mikkeller

Slien 2, 2.tv, 1766 Copenhagen,
DÄNEMARK
www.mikkeller.dk

Eine innovative Brauerei mit einem vielfältigen Sortiment. Ähnlich wie viele amerikanische Brauereien bricht Mikkeller Regeln und Traditionen und hat sich mit einigen Bieren auch international einen sehr guten Ruf erworben.

BRAUGEHEIMNIS: Vor Kurzem brachte Mikkeller das Black auf den Markt, das stärkste Bier in Dänemark.

Beer Geek Breakfast
OATMEAL STOUT 7,5 VOL.-%
Ein preisgekröntes Stout mit üppiger Nase und mit Noten von Kaffee und Schokolade.

Black
IMPERIAL STOUT 17,5 VOL.-%
Einzigartiger Körper mit Noten von Zucker, gerösteten Kaffeebohnen und dunkler Schokolade; komplexer, lang anhaltender Nachklang.

Minhas

1208 14th Avenue, Monroe,
Wisconsin 53566, **USA**
www.minhasbrewery.com

Ravinder Minhas war erst 24 Jahre alt, als er 2006 die historische Joseph Huber Brewery aufkaufte, um seine Mountain-Creek-Biere zu brauen, die er schon vorher (ebenfalls in Monroe) unter Vertrag produziert hatte. Die Minhas Craft Brewery stellt auch die Marke Huber (reicht bis 1843 zurück), Berghoff-Biere und Biere für den Einzelhandel her.

Lazy Mutt
GOLDEN ALE 4,8 VOL.-%
Das erste Bier Minhas wurde als »Farmhouse Ale« etikettiert. Es ist eher ein Sommerbier.

Huber Bock
BOCK 5,4 VOL.-%
Trocken mit Noten von Toast und Karamell. Am besten schmeckt es in der Baumgartner's Cheese Store & Tavern in der Nähe der Brauerei.

Minoh AJI

3-19-11 Makiochi, Minoh City,
Osaka 562-0004, **JAPAN**
www.minoh-beer.jp

Die Brauerei wurde von dem Getränkehändler Masaji Oshita gegründet und wird heute von seinen Töchtern Kaori und Mayuko geführt. Die Biere orientieren sich im Stil an handwerklich gebrauten Bieren aus den USA.

BRAUGEHEIMNIS: Zwei der indivduellen Biere sind mit Hanf versetzt, eines mit Cabernet-Sauvignon-Traubensaft.

Minoh AJI Stout
STOUT 5,5 VOL.-%
Im irischen Stil gebraut; Röstaromen, sahnige Textur und verhaltene Bitterkeit.

Double IPA
STRONG IPA 9 VOL.-%
Ein schweres Bier, das bisher nur saisonal hergestellt wird, aufgrund starker Nachfrage aber vielleicht bald ganzjährig erhältlich sein wird.

Moa

Jacksons Rd, RD3 Blenheim,
NEUSEELAND
www.moabeer.co.nz

Die Brauerei liegt mitten im Weinanbaugebiet von Marlborough. Sie wurde von dem Winzer Josh Scott mit dem Ziel gegründet, hochwertige Biere mit Techniken herzustellen, wie sie eigentlich bei der Weinbereitung eingesetzt werden.

BRAUGEHEIMNIS: Die Lagerbiere von Moa gären nach der *Méthode Traditionnelle* in 750-ml-Flaschen.

Moa Original
FLASCHENVERGORENES PILS 5,5 VOL.-%
Ein trockenes, knackig-frisches Pilsener mit köstlichen Toastaromen.

Moa Blanc
FLASCHENVERGORENES WEIZENBIER 5,5 VOL.-%
Knackig-trocken mit Anklängen an Banane und Vanille.

Moctezuma

Monterrey/Veracruz-Llave, **MEXIKO**
www.femsa.com

Moctezuma ist die innovativste Brauerei in Mexiko. Sie hat Niederlassungen in Brasilien und exportiert bedeutende Mengen in die USA. Zu Moctezuma gehören Marken wie Tecate, Dos Equis, Sol, Indio, Bohemia und Carta Blanc, die z. T. in den angesagten Bars auf der ganzen Welt ausgeschenkt werden. Die Moctezuma-Biere sind weich und haben einen spritzigen Nachklang.

Dos Equis
VIENNA LAGER 4,8 VOL.-%
Dunkelrot und reichhaltig mit Aromen von Schokolade und Orange; wärmend und süß, langer Nachklang.

Sol
LAGER 4,5 VOL.-%
Ein frisches Lagerbier mit leichtem Körper und Aromen von Maissirup.

De Molen

Overtocht 43, 2411 BS Bodegraven,
NIEDERLANDE
www.brouwerijdemolen.nl

Nach der Gründung der Brauerei 2004 erlangte Brauer Menno Olivier einen guten Ruf. De Molen ist eine der wenigen Mikrobrauereien, die auch für den Export produzieren: Das Engel z. B. ist auf den dänischen Markt abgestimmt.

BRAUGEHEIMNIS: Kenner halten das Imperial Porter Tsarina Esra für eines der besten europäischen Biere.

Borefts Blond
BLOND ALE 6,5 VOL.-%
Anders als bei vielen blonden Bieren dominiert hier der Hopfen. Im Mund viel Orange, Kiefer, Harz und Gras.

Borefts Stout
STOUT 7 VOL.-%
Enthält alle Aromen von Röstmalz, die man von einem Stout erwartet. Komplex, charaktervoll, harmonisch.

Biervision Monstein

Monstein, 7278 Davos, **SCHWEIZ**
www.biervision-monstein.ch

Hoch in den Bergen in der Nähe von Davos gründeten Andreas Aegerter und Christian Ochs ihre kleine Dorfbrauerei – zusammen mit 756 Investoren, die zugleich treue Kunden sind. Sie haben alle dieselbe Vision, nämlich dass es einen Markt für ungewöhnliche Biere gibt, ebenso für ihre »bierverwandten« Produkte wie Käse mit einer Malzkruste oder Bierschnäpse.

Monsteiner WätterGuoge Bier
LAGER 4,5 VOL.-%
Süffiges, unpasteurisiertes Bier aus Gerste, Weizen und Mais.

Monsteiner Mungga Bier
KÖLSCH 3,5 VOL.-%
Gebraut mit Bio-Produkten aus der Schweiz. Mungga (Murmeltier) duftet nach Veilchen, schmeckt trocken und ist elegant bitter.

Moo Brew

655 Main Road, Berriedale, Hobart,
Tasmania 7011, **AUSTRALIEN**
www.moobrew.com.au

Moo Brew ist ein Ableger vom Weingut Moorilla Estate und für eine Mikrobrauerei erstaunlich gut ausgestattet. Durch die Glasfront des Sudhauses hat man einen herrlichen Blick auf den Fluss Derwent und den Mount Wellington. Moo Brew hat bei den australischen Craft Brewers in den Bereichen Verpackung, Bierqualität und Preisgestaltung Akzente gesetzt.

Moo Brew Pilsner
TSCHECHISCHES PILSENER 5 VOL.-%
Goldfarben mit fein perlender Kohlensäure; honigartiger Charakter, ausbalanciert durch Bitterkeit.

Moo Brew Pale Ale
AMERIK. PALE ALE 4,9 VOL.-%
Zitrusfruchtige Aromen; am Gaumen Grapefruit-Aromen; kräftig-prickelnde Bitterkeit im Nachklang.

Moorhouse's

Burnley, Lancashire, BB11 5EN,
ENGLAND
www.moorhouses.co.uk

Zunächst produzierte William Moorhouse Mineralwasser und alkoholfreie Getränke mit Hopfen. Seine Nachfolger brauten dann auch Bier, aber nicht sehr erfolgreich – bis 1988 in die Infrastruktur investiert wurde. Durch weitere Verbesserungen und schnelles Wachstum erwarben sich die Ales von Moorhouse's den guten Ruf, den sie bis heute genießen.

Pendle Witches Brew
STRONG BITTER 5,1 VOL.-%
Ein markantes bernsteinfarbenes Bier mit vollem Malzgeschmack und fruchtig-hopfigem Nachklang.

Black Cat
MILD 3,4 VOL.-%
Dunkles und komplexes Bier mit Aromen von Schokoladenmalz und Lakritz; hopfenbetonter Nachklang.

Moosehead

89 Main Street West, Saint John,
New Brunswick, E2M 3H2, **KANADA**
www.moosehead.ca

Die älteste unabhängige Brauerei in Kanada kann ihre Wurzeln bis ins Jahr 1867 zurückverfolgen. Bis heute gehört sie der Gründerfamilie Oland. Das Unternehmen hält Geschäftsanteile von McAuslan und ist Eigentümer der Niagara Falls Brewing Company.

Moosehead Lager
LAGER 5 VOL.-%
Ein helles, strohfarbenes Session-Bier mit reinem Geschmack; man trinkt es am besten kalt.

Clancy Amber Ale
ALE 5 VOL.-%
Ein obergäriges, rötliches Bier mit deutlichen Malzaromen und Karamellobertönen.

Multi Bintang

Surabaya, Central Java,
INDONESIEN
www.multibintang.co.id

Die größte Brauerei in Indonesien produziert und vertreibt zahlreiche Biere, z. B. Bir Bintang, Heineken, Guinness Stout und das Green Sands mit wenig Alkohol. Sie wurde 1929 gegründet, und schon in den 30ern erwarb Heineken Geschäftsanteile. 1957 wurde die Brauerei verstaatlicht, doch 1967 kam Heineken wieder ins Spiel und besitzt heute die Mehrheitsanteile.

Bintang Pilsener
LAGER 4,8 VOL.-%
Frische, malzige Aromen, gefolgt von einem trockenen, hopfenbitteren Nachklang.

Bintang Gold
LAGER 4,8 VOL.-%
Etwas dunkler als das Pilsener, kam zum goldenen Geburtstag der Republik auf den Markt.

New Belgium

500 Linden Street, Fort Collins,
Colorado 80524, **USA**
www.newbelgium.com

Jeff Lebesch und Kim Jordan begannen das Geschäft 1991 mit einer auf belgische Biere ausgerichteten Anlage im Keller. Heute betreiben sie die drittgrößte Craft Brewery in den USA. Neben dem bekannten Fat Tire Ale umfasst das große Sortiment auch das bemerkenswerte Blue Paddle Pilsener.

BRAUGEHEIMNIS: New Belgium Brewing hat mehr Lagerraum für Holzfässer als jede andere Brauerei – abgesehen von Rodenbach in Belgien.

Fat Tire
AMBER ALE 5,3 VOL.-%
In der Nase Keks, in der Mitte gerösteter Karamell; ausgewogener, trocken-süßer Nachklang.

Mothership Wit
WITBIER 4,8 VOL.-%
Das erste Bio-Bier der Brauerei. Fruchtig-würzig, auf der Zunge cremig und herb vom Weizen. Erfrischend säuerlich im Abgang.

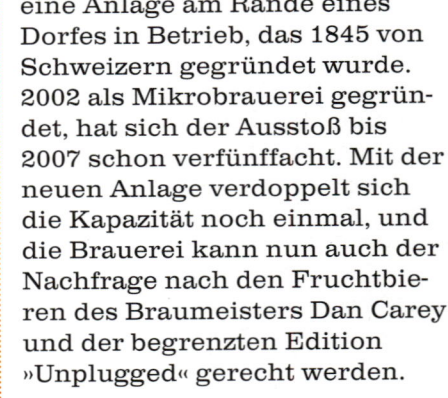

New Glarus

Highway 69, New Glarus,
Wisconsin 53574, **USA**
www.newglarusbrewing.com

2008 nahm New Glarus Brewing eine Anlage am Rande eines Dorfes in Betrieb, das 1845 von Schweizern gegründet wurde. 2002 als Mikrobrauerei gegründet, hat sich der Ausstoß bis 2007 schon verfünffacht. Mit der neuen Anlage verdoppelt sich die Kapazität noch einmal, und die Brauerei kann nun auch der Nachfrage nach den Fruchtbieren des Braumeisters Dan Carey und der begrenzten Edition »Unplugged« gerecht werden.

Spotted Cow
CREAM ALE 4,8 VOL.-%
Leicht fruchtig, Geschmack nach frischen Pfirsichen. Getreidig, auf der Zunge leicht, erfrischend.

Fat Squirrel
BROWN ALE 5,5 VOL.-%
In der Nase Haselnuss, Schokoladen- und Karamellaromen; ausbalanciert durch erdigen Hopfen.

New Holland

690 Commerce Court, Holland,
Michigan 49423, **USA**
www.newhollandbrew.com

Die Kronkorken der Flaschen von New Holland Brewing tragen den Slogan »Art in Fermented Form« (Kunst in fermentierter Form). Um die Nachfrage nach ihren überzeugenden Bieren befriedigen zu können, hat die Brauerei vor Kurzem eine gebrauchte Brauanlage mit Kupferkesseln aus Deutschland in Betrieb genommen.

The Poet
OATMEAL STOUT 6,5 VOL.-%
Üppige Röstnoten, Schokolade und dunkle Rumfrüchte. Körperreich und cremig, den Kaffee ausbalancierend.

Black Tulip
TRIPLE 9 VOL.-%
Blumig, Süße von Bonbons und Honig, dabei auch Fruchtnoten. Im Mund süß und zugleich herb, betont durch bitterwürzigen Hopfen.

Nils Oscar

Fruängsgatan 2, 611 31 Nyköping,
SCHWEDEN
www.nilsoscar.se

Diese Mikrobrauerei wurde 1996 gegründet und stellt ausgewogene Biere her, die man gut zum Essen trinken kann. Sie wurde schon häufiger mit Preisen ausgezeichnet, z. B. mit vier Medaillen beim World Beer Cup.

BRAUGEHEIMNIS: Nils Oscar hat eine eigene Mälzerei und baut Getreide für das Malz selbst an.

Imperial Stout
IMPERIAL STOUT 7 VOL.-%
Gut ausgewogen und durch die Lagerung reichhaltig. Aromen von Schokolade und Karamell, gefolgt von einem bittersüßen Nachklang.

India Ale
INDIA PALE ALE 5,3 VOL.-%
Amarillo-Hopfen sorgt für Aromen exotischer Früchte; ausgewogen durch die Süße von Karamellmalz.

Nøgne Ø

Gamle Rykene Kraftstasjon,
Lunde 4885 Grimstad, **NORWEGEN**
www.nogne-o.com

Nachdem Kjetil Jikiun sich in den USA alles angeeignet hatte, was ein Heimbrauer wissen muss, gründete er 2003 die Brauerei Nøgne Ø (»Nackte Insel«).

BRAUGEHEIMNIS: Britisches Maris Otter Malz wird mit amerikanischen C-Hopfensorten wie Cascade, Centennial, Chinook und Columbus gemischt.

Saison
SAISON 6,5 VOL.-%
Aus East Kent Goldings Hopfen, Karamellmalz und belgischer Hefe entsteht ein leichtes Bier.

Imperial Stout
IMPERIAL STOUT 9 VOL.-%
Ein dunkles, üppiges Bier, recht süß, dabei aber auch Bitteraromen, die von dem gerösteten Malz stammen.

North Coast

455 North Main Street, Fort Bragg, California 95437, **USA**
www.northcoastbrewing.com

Seit ihrer Eröffnung 1988 hat die kleine Brauerei für viel Aufsehen gesorgt. Obwohl nur eine kleine Regionalbrauerei, verkauft North Coast seine Biere in 36 Bundesstaaten und exportiert nach Europa und in die pazifischen Randgebiete. Früher als andere versucht sich Braumeister Mark Ruedrich an neuen Bierarten. Ein Teil des Gewinns der Sorte »Brother Thelonious« geht an das Thelonious Monk Institute of Jazz.

Old Rasputin
IMPERIAL STOUT 11,6 VOL.-%
Wuchtig, aber aromatisch – bittere und süße Schokolade, angebrannte Gerste, Rum, Toffee, dunkle Trockenfrüchte, Espresso.

Brother Thelonious
BELGIAN STRONG DARK ALE 9,3 VOL.-%
Würzige und bonbonsüße Aromen, dabei dunkle Früchte, Bananen und karamellisierter Zucker, rumartig.

Oakham Ales

2 Maxwell Road, Woodston,
Peterborough, Cambridgeshire,
PE2 7JB, **ENGLAND**
www.oakhamales.com

Seit der Gründung 1993 als kleine Hausbrauerei musste Oakham Ales schon zweimal umziehen – so rasch ist das Unternehmen gewachsen. Der ursprüngliche Eigentümer verkaufte die Brauerei 1995.

BRAUGEHEIMNIS: Amerikanische Hopfensorten mit kräftigem floralem Charakter geben diesen Bieren ihr Gepräge.

Jeffrey Hudson Bitter / JHB
BITTER 3,8 VOL.-%
Dominante zitrusfruchtige Hopfenaromen in der Nase, die sich am Gaumen mit Malzaromen vermischen.

White Dwarf
WEIZENBIER 4,3 VOL.-%
Ein Weizenbier im englischen Stil mit Bitterkeit, die dann weicher wird und Fruchtnoten erkennen lässt.

Ochakovo

44, Riabinivaya, Moscow,
RUSSLAND
www.ochakovo.ru

Ochakovo ist die letzte unabhängige Brauerei in Russland. Das ursprüngliche Sudhaus ist heute ein Museum, das die Besucher durch den Brauprozess führt. Viele Ausstellungsstücke stammen aus dem 19. Jh.

BRAUGEHEIMNIS: 2005 brachte Ochakovo ein unpasteurisiertes und ungefiltertes »lebendes« – und damit gesundes – Bier auf den Markt.

Ochakovo Classic
LAGER 5 VOL.-%
Ein maisgelbes Bier mit intensiven Malzobertönen; hopfenbetonter Nachklang.

Ochakovo Ruby
VIENNA LAGER 3,9 VOL.-%
Ein rubinrotes Bier mit Aromen von Winterfrüchten und blumigen Noten; am Gaumen Spuren von Karamell.

Okell's

Douglas, Isle of Man,
IM2 1QG, **ENGLAND**
www.okells.co.uk

Die Brauerei von Dr. William Okell, die dieser 1874 selbst entworfen hatte, arbeitete mit Dampfkraft und gehörte zu den fortschrittlichsten Brauereien. 1994 bezog sie ein eigens errichtetes Gebäude bei Douglas. Heute arbeitet man mit Computern, doch die Leidenschaft und das Engagement für hohe Qualität sind geblieben.

Doctor Okell's IPA
INDIA PALE ALE 4,4 VOL.-%
Potenzielle Süße, kompensiert durch viel Hopfen; spritzig durch Zitronennoten.

Okell's Bitter
BITTER 3,7 VOL.-%
Hell; komplexe Aromen mit Anklängen an Honig; lang anhaltender, trockener Abgang.

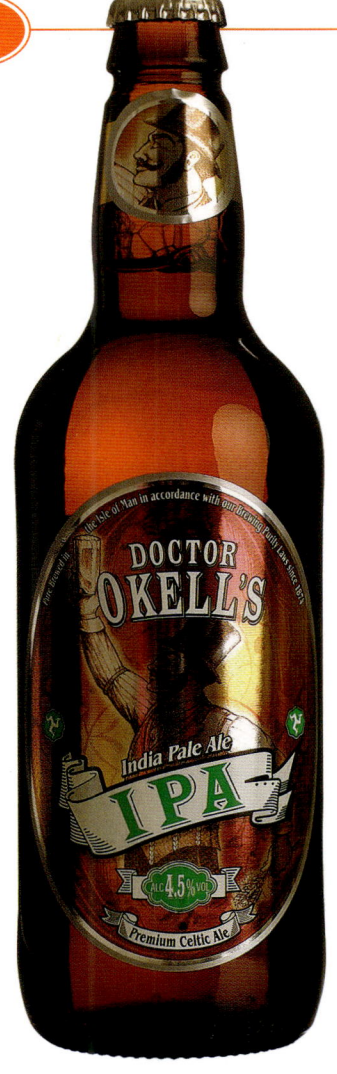

Ommegang

656 County Highway 33, Cooperstown, New York 13326, **USA**
www.ommegang.com

Ommegang ist im Besitz des belgischen Unternehmens Duvel Moortgat und braut seit 1997 Biere im belgischen Stil, die in begrenzten Mengen fast überall in den USA erhältlich sind. Auf dem malerischen Gelände der Brauerei am Stadtrand findet jedes Jahr ein Bierfest statt, das Belgium Comes to Cooperstown.

Hennepin
SAISON 7,7 VOL.-%
Durchgehend würzig-pfeffrig. Hefige Noten, am Gaumen deutliche Zitrusnoten. Herb und trocken.

Ommegang Abbey Ale
BELG. STRONG DARK ALE 8,5 VOL.-%
Das Flaggschiff, ähnelt einem Weihnachtsbier. Üppig mit viel Schokolade, darunter liegende Noten von Lakritze und Weihnachtsgewürzen.

Orkney

Stromness, Orkney,
KW16 3LT, **SCHOTTLAND**
www.orkneybrewery.co.uk

Das Brauwasser von Orkney wird durch zwei Seen gefiltert, die Fischen und Wasservögeln einen Lebensraum bieten. Die Brauerei wurde 1988 gegründet und 1994 von Grund auf modernisiert. Neue Expansionspläne sehen ein Besucherzentrum, einen Laden und die Erhöhung der Produktionsmenge vor.

Dark Island
STRONG BITTER 4,6 VOL.-%
Weinrot und geheimnisvoll, in der Nase schwarze Johannisbeere, am Gaumen viele Röstaromen.

Skull-Splitter
BARLEY WINE 8,5 VOL.-%
Nachdrücklich malzig in der Nase; im komplexen Geschmack Anklänge an Apfel, würzigen Hopfen und Nuss.

Orval

Abbaye de Notre-Dame d'Orval 2,
6823 Villers devant Orval, **BELGIEN**
www.orval.be

Das Trappistenbier Orval steht gewissermaßen für das gesamte Kloster: eines der besten Biere aus dem frühen 20. Jh., hergestellt in dem mittelalterlichen Ambiente des Klosters. Die Flaschen, aber auch die Gläser und alles andere strahlen Ruhe und Schönheit aus. Das Kloster kann man besichtigen, die Brauerei dagegen leider nicht.

Orval

AMBER ALE 6,2 VOL.-%

Ein extrem trockenes Bier, das seinen Charakter im Wesentlichen den Brettanomyces-Hefekulturen verdankt (ähnlich denen, die für Lambics verwendet werden) sowie einer hohen Dosis Bitterhopfen.

Ostravar

Hornopolní 57, 728 25 Ostrava 1,
TSCHECHISCHE REPUBLIK
www.ostravar.cz

Die Stadt Ostrava liegt näher am polnischen Kattowitz und an Wien als an Prag, daher behauptet die Brauerei von sich, anders als andere tschechische Brauereien zu sein. Die Ostravar-Biere spiegeln in der Tat die besondere geografische Lage wider. Seit 2000 ist die Brauerei allerdings im Besitz von InBev (heute Anheuser-Busch InBev).

Ostravar Premium
PREMIUM LAGER 5,1 VOL.-%
Üppige Schaumkrone, Aromen von Malz und Hopfen, körperreich, kräftige Bitternoten.

Ostravar Kelt
STOUT 4,8 VOL.-%
Ein Stout im irischen Stil; am Gaumen durchgehend gut erkennbare Aromen von Hopfen und gerösteter Gerste.

Otter Creek

793 Exchange Street, Middlebury,
Vermont 05753, **USA**
www.ottercreekbrewing.com

Die Familie Wolaver kaufte 2002 die Brauerei Otter Creek auf, um dort die Bio-Ales zu produzieren, die vorher unter Vertrag von anderen Brauereien hergestellt wurden. Nach wie vor gehören Otter-Creek-Biere zum Programm: Die World-Tour-Serie z. B. umfasst auch Otter Mon (Stout im jamaikanischen Stil) und Otteroo (Lager im australischen Stil).

Otter Creek Copper Ale
ALTBIER 5,4 VOL.-%
Üppige, komplexe Malzaromen, schleichende Bitterkeit, die den Nachklang verlängert.

Wolaver's Oatmeal Stout
OATMEAL STOUT 5,9 VOL.-%
Schokolade und Röstkaffee zu Beginn, die sich mit cremigen Noten im Mund mischen. Körperreich, im Nachklang aber recht trocken.

Palmers

Bridport, Dorset,
DT6 4JA, **ENGLAND**
www.palmersbrewery.com

Palmers braut seit über 200 Jahren an der ursprünglichen Stelle Bier. Äußerlich hat sich die Brauerei nur wenig verändert, aber sie ist technisch auf der Höhe der Zeit und stellt eine ganze Reihe von Ales her.

BRAUGEHEIMNIS: Die Fruchtigkeit der Biere entsteht durch Maris Otter Malz und Goldings Hopfen.

Traditional Best Bitter
BEST BITTER 4,2 VOL.-%
Im Stil eines India Pale Ale; mit köstlichen Hopfenaromen, dabei Untertöne von Frucht und Malz.

Tally Ho!
STRONG BITTER 5,5 VOL.-%
Dunkel und nussig; die Komplexität entsteht allmählich, dauert aber an bis zum lang anhaltenden Nachklang.

Panil (Torrechiara)

Strada Pilastro 35/a,
43010 Torrechiara (PR), **ITALIEN**
www.panilbeer.com

Der studierte Biologe Renzo Losi wurde im Jahr 2000 zum Brauer, als ihm sein Vater gestattete, auf dem Weingut der Familie südlich von Parma Bier zu brauen.

BRAUGEHEIMNIS: Losi stammt aus einer Winzerfamilie – er verwendet Spumante-Hefen und lässt seine Biere in Eichenfässern reifen.

Panil Barriquée Sour
FLÄMISCHES ROTBIER 8 VOL.-%
Das Flaggschiff der Brauerei, drei Monate im Fass gereift; säuerlich, weinartig und kompromisslos.

Divina
SPONTANGÄRIGES BIER 5,5 VOL.-%
Die Spontangärung findet in einem offenen Lastwagen statt, der über Nacht draußen stehen bleibt. Süßsauer, hefig und zitrusfruchtig.

Pelican

33180 Cape Kiwanda Drive,
Pacific City, Oregon 97135, **USA**
www.pelicanbrewery.com

Die Brauerei liegt direkt an der Küste, südlich von Cape Kiwanda, einer der meistfotografierten Landschaften in Oregon. Außerhalb des Pubs ist Pelican-Bier kaum zu bekommen.

BRAUGEHEIMNIS: Das India Pelican Ale und das Doryman's Dark wurden bei den Australian International Beer Awards ausgezeichnet.

Doryman's Dark Ale
BROWN ALE 5,8 VOL.-%
Geröstete Nüsse, Kakao, Kaffeebohnen, Karamell – ausbalanciert durch Hopfen aus dem Nordwesten.

Tsunami Stout
STOUT 7 VOL.-%
Tiefschwarz, mit cremiger Schaumkrone. In der Nase und am Gaumen Kaffee und Schokolade; üppig, fast cremig. Schöne Säure zum Abschluss.

Pete's

14800 San Pedro Avenue,
San Antonio, Texas 78232, **USA**
www.petes.com

Pete's Brewing gehörte früher zur Spitze der amerikanischen New-Wave-Brauereien. Gründer Pete Slosburg verkaufte die Brauerei 1988 an Gambrinus in San Antonio, doch sie erreichte nie denselben Erfolg wie andere Gambrinus-Brauereien. Pete's wird unter Vertrag in New York hergestellt und ist gut erhältlich.

Pete's Wicked Ale
BROWN ALE 5,3 VOL.-%
Das American Brown Ale, wie Slosberg es braute, hat viel von seinem Biss verloren, nachdem die Hopfenmenge halbiert wurde.

Wicked Strawberry Blond
FRUCHTBIER 5 VOL.-%
Sieht eher blond als nach Erdbeere aus; süße Beeren schon in der Nase, anhaltend bis zum Nachklang.

Piccolo Birrificio

Via IV Novembre 20,
18035 Apricale (IM), **ITALIEN**
www.piccolobirrificio.com

Diese Mikrobrauerei wurde 2005 gegründet. Sie bewirtschaftet eine ehemalige Ölmühle in dem mittelalterlichen Städtchen Apricale nahe der französischen Grenze. Lorenzo Bottoni produziert unter dem Namen Nüa (»nackt«) eine Reihe köstlicher Biere, darunter einige, die mit eher ungewöhnlichen Früchten und Pflanzen gebraut werden.

Sesonette
BELGISCHES SAISONBIER 6,5 VOL.-%
In Chardonnay-Fässern gereift, mit Gewürzen und Schalen von Bitterorangen versetzt.

Chiostro
GEWÜRZBIER 5 VOL.-%
Mit Wermutkraut gewürzt; gebraut mit Hefen, wie sie für Trappistenbiere verwendet werden und die für komplexe Aromen sorgen.

Pietra

Route de la Marana,
20600 Furiani, **FRANKREICH**
www.brasseriepietra.com

Die erste korsische Brauerei überhaupt wurde 1996 eröffnet. Die beiden Brauer Armelle und Dominique Sialelli arbeiten mit Rohstoffen von der Insel, z. B. mit Kräutern aus dem mediterranen Buschwald und Maronenmehl, das in ihrem Bier Pietra mehr als nur ein Aromazusatz ist. Biera Corsa ist ungemein erfolgreich, und das nicht nur auf Korsika selbst.

Colomba
WEIZENBIER 5 VOL.-%
Schroff mit Aromen von Erdbeerbaum, Myrte und Wacholder. Ein erfrischendes Sommerbier.

Pietra
AMBER LAGER 6 VOL.-%
Elegante Aromen von geröstetem Malz, nussig und etwas bitter.

Pilsner Urquell

U Prazdroje 7, 304 97 Plzeň,
TSCHECHISCHE REPUBLIK
www.pilsner-urquell.cz

Den Tschechen verdanken wir die Mikrowelle, weiche Kontaktlinsen und ein Bier, das die Welt verändert hat. Allerdings war es ein Bayer, der bei der Entstehung des Pilsner Urquells die Hauptrolle spielte, nämlich Josef Groll, der am 4. Oktober 1842 das erste Pilsner vorstellte. Seitdem hat das klare, goldfarbene Bier von ganz Europa Besitz ergriffen.

Pilsner Urquell
PILSENER 4,4 VOL.-%

Die idealerweise 35 mm hohe Schaumkrone hinterlässt beim Trinken Spuren im Glas, die sogenannte Tapete – bei jedem Schluck dieses feinherben Biers, das würzig-süße Malzaromen entwickelt. Langer, hopfenbetonter Nachklang.

BIERTOUR

PRAG, TSCHECHISCHE REPUBLIK

Prag ist für Bierliebhaber ein wichtiges Ziel. Und wo könnte man eine Biertour besser beginnen als am Altstädter Ring, am zentralen Marktplatz in der Altstadt? Dort kann man auch die Astronomische Uhr aus dem 15. Jh. besichtigen, eine der ältesten ihrer Art, die heute noch in Betrieb ist. Außerdem gibt es dort zahlreiche Straßencafés, die zum Verweilen einladen.

2 U ZLATÉHO TYGRA
Eine der ältesten und gemütlichsten Kneipen in der Altstadt. Die vielen kleinen Tische sind eigentlich immer besetzt – stellen Sie sich also darauf ein, stehen zu müssen. Es war die Lieblingskneipe des Schriftstellers und ehemaligen Staatspräsidenten Václav Havel, und auch Bill Clinton soll schon dort gewesen sein. Das ungefilterte Pilsner Urquell hier ist angeblich das beste in ganz Prag. *(Husova 17)*

1 ALTSTADTMARKT
Am Platz der Republik (Námestí Republiky) erhebt sich der Pulverturm von 1475. Gegenüber gelangt man zur Karlsbrücke (Karlův most), einem der Wahrzeichen der Stadt. Jenseits der Brücke gibt es einige neue Kneipen.

3 U PINKASŮ
U Pinkasů war 1843 das erste Lokal in Prag, das das Pilsner Urquell ausschenkte. Durch eine gründliche Renovierung im Jahr 2000 konnte die drohende Schließung verhindert werden. *(Jungmannovo nám, 16/15)*

NOVOMĚSTSKÝ PIVOVAR
Durch einen Eingangsbereich im Art-Déco-Stil gelangt man in die holzgetäfelte Restaurantbrauerei. Hier gibt es ungefilterte helle und dunkle Biere. Die Gerichte sind tschechisch, z. B. kann man dort Gulasch, eine Suppe mit Eingeweiden oder geröstete Schweinshaxe essen. *(Vodickova 29)*

PIVODUM
Das Restaurant Pivodum ist ganz im Stil einer Brauerei eingerichtet. Es gibt dort traditionelle tschechische Biere, aber auch ungewöhnlichere Sorten, z. B. ein Kirschbier, ein Kaffeebier und Samp, ein Champagnerbier. Gruppen können acht Biere zum Preis von sieben bestellen, die dann in einer hohen Glassäule serviert werden. Einige Biere können auch verkostet werden. *(Ječná/Lípová 15)*

U FLEKŮ
Auch wenn es dort immer voll ist, gehört U Fleků zu einem Pragbesuch einfach dazu. Hier wird seit 1499 gebraut – angeblich ist es das älteste Bierlokal der Welt. Es hat mehrere Räume, wovon einer Musikgruppen vorbehalten ist. Weiterhin gibt es ein Museum und Führungen durch die Brauerei. Die Hausmarke ist das hervorragende Flekovsky Pivo, ein Lagerbier, das es als helle und dunkle Version gibt. *(Kremencova 11)*

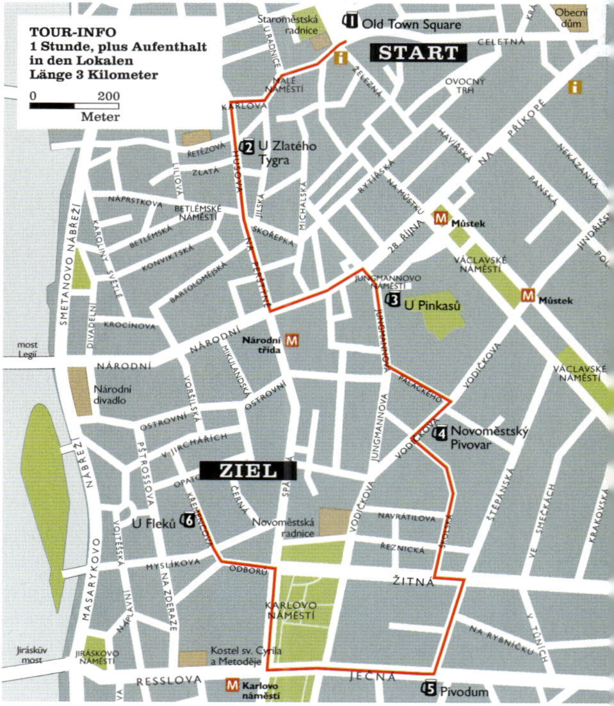

TOUR-INFO
1 Stunde, plus Aufenthalt in den Lokalen
Länge 3 Kilometer

De Prael

Oudezijds Voorburgwal 30,
1012 GD Amsterdam,
NIEDERLANDE
www.deprael.nl

Bei De Prael, der kleinsten Brauerei in Amsterdam, arbeiten ehemals psychisch kranke Menschen. Ursprünglich hieß die Brauerei »De Parel« (die Perle), der Name musste aber nach einer Klage der Brauerei Budels aufgegeben werden, die das Urheberrecht ihres Biers »Parel« verletzt sah. Also vertauschte man zwei Buchstaben und machte aus dem Namen De Prael.

Heintje
WEIZENBIER 5,4 VOL.-%
Mit sehr deutlichen Zitrusfruchtaromen, etwas Frucht und einem unerwartet hopfigen Nachklang.

Mary
BARLEY WINE 9,6 VOL.-%
In diesem starken Bier dominieren weder Weizen noch Hopfen; Noten von Pfeffer, Toffee und Karamell.

Quilmes

Tte. Gral. Juan D. Peron 667 103,
Buenos Aires, **ARGENTINIEN**
www.quilmes.com.ar

Quilmes ist die führende Biermarke in Argentinien, gehört allerdings heute zu Anheuser-Busch InBev. Wie viele argentinische Brauereien wurde auch Quilmes – sowohl die Brauerei als auch die Mälzerei – von einem Deutschen gegründet, und zwar von Otto Bemberg (1880).

Quilmes Cristal
LAGER 4,9 VOL.-%
Ein helles, »dünnes« Bier, das kaum duftet. Überraschend süffig und erfrischend süß.

Quilmes Stout
STOUT 4,8 VOL.-%
Gebraut mit drei verschiedenen Malzen – die Kaffeearomen werden durch die Süße überdeckt.

Radegast

739 51 Nošovice,
TSCHECHISCHE REPUBLIK
www.radegast.cz

Radegast, was übersetzt etwa »lieber Gast« heißt, war der slawische Gott der Fruchtbarkeit und der Ernte und wurde später auch zum Gott der Gastfreundschaft. Der Name ist alt, die Brauerei jung: Sie wurde erst 1970 gegründet. Bis heute gehört sie zu den technisch modernsten und bestausgestatteten Bierproduzenten des Landes.

Radegast Original
PILSENER 4 VOL.-%
In der Nase Malz und würziger Hopfen, im Geschmack süßliches Malz, dabei spröde, getreidige Bitterkeit.

Radegast Premium
PREMIUM LAGER 5 VOL.-%
Charakteristische kräuterartige Hopfennoten und mäßig süße Malznoten, die bei getreidigen Noten verweilen.

Refsvindinge

Nyborgvej 80, 5853 Ørbæk,
DÄNEMARK
www.bryggerietrefsvindinge.dk

Die 1885 gegründete Landbrauerei gehörte zu den ersten Ale-Produzenten in Dänemark und darf sich rühmen, das dänische Weißbier *(hvidtøl)* sowie das »Schiffsbier« *(skibsøl)*, ein dunkles Leichtbier, entwickelt zu haben. Refsvindinge stellt zudem zwei »Kinderbiere« (nicht ganz alkoholfrei!) her.

Ale No. 16
BROWN ALE 5,7 VOL.-%
Ein gut ausgewogenes, dunkles Bier. Die englische Hefe sorgt für einen süßen, frischen Geschmack.

Mors Stout
PORTER 5,7 VOL.-%
Ein dunkles, weiches Porter; gebraut aus Malz, das gemeinsam mit Kakaobohnen geröstet wurde.

Ridna Marka

71 Mikgorod str. Radomyschl,
UKRAINE

Als die tschechischen Brüder Albrechtam 1886 ihre Brauerei in Radomyschl gründeten, fanden sie heraus, dass sich weiches Wasser ideal zum Bierbrauen eignete. Heute arbeitet die Brauerei mit bayerischer Technologie.

BRAUGEHEIMNIS: Die Brauanlage ist auf die Produktion von naturbelassenen Weizenbieren ausgerichtet.

Etalon Weißbier
WEIZENBIER 5 VOL.-%
Würzig mit üppig-cremigen Malznoten, lang anhaltender, zufriedenstellender Geschmack, auch der Nachklang hält lange an. Anklänge von Banane und Vanille.

Robinsons

Stockport, Cheshire,
SK1 1JJ, **ENGLAND**
www.frederic-robinson.co.uk

1838 kaufte William Robinson das Unicorn Inn in Stockport und legte damit den Grundstein für eine der größten Regionalbrauereien der Britischen Inseln. Stets wird darauf geachtet, auf dem neuesten Stand zu bleiben.

BRAUGEHEIMNIS: Bei Robinsons verwendet man noch Hefekulturen, die aus den 1920er-Jahren stammen.

Old Tom Strong Ale
BARLEY WINE 8,5 VOL.-%
Körperreich; in Duft und Geschmack eine Verbindung von Malz, Schokolade, Frucht und Portwein.

Unicorn Best Bitter
BEST BITTER 4,2 VOL.-%
Goldfarben, in der Nase würziger Hopfen und Malz, als Gegengewicht bittersüße Noten.

Rochefort

Abbaye de Notre Dame de St-Remy,
5580 Rochefort, **BELGIEN**
www.abbaye-rochefort.be

Das Trappistenkloster stammt aus dem Jahr 1230, und seit 1595 wird hier gebraut. Doch erst seit 1998 haben die Flaschen der Brauerei überhaupt Etiketten. Die Brauerei ist die kleinste in Wallonien, dennoch ist man an Innovationen und Neuerungen interessiert. Vor Kurzem haben die Mönche den Braumeister Gumer Santos engagiert, der einen neuen Lagerraum in der Nähe der Kirche plant.

Rochefort 6 (red)
TRAPPISTENBIER 7,5 VOL.-%
Die 6 bezieht sich auf die Dichte (und damit indirekt auf den Alkoholgehalt) des Biers. Das leichteste und seltenste Bier aus diesem Kloster schmeckt sehr fruchtig.

Rochefort 10 (blue)
TRAPPISTENBIER 11,3 VOL.-%
Ein sehr gutes Trappistenbier mit Aromen von Toffee, Schokolade, Rosinen und Portwein. Komplex.

Rodenbach

Spanjestraat 133–141,
8800 Roeselare, **BELGIEN**
www.rodenbach.be

Die Familie Rodenbach braute schon 1821 in Roeselare. Seit 1998 gehört die Brauerei zu Palm und wurde grundlegend renoviert, dennoch legt man nach wie vor großen Wert auf Tradition.

BRAUGEHEIMNIS: Die »Kathedrale« der hölzernen Gärbehälter ist wirklich sehr beeindruckend.

Rodenbach Classic
OUD BRUIN 5 VOL.-%
Die zweifache Gärung und die Reifung in Holz sind gut spürbar: weiniger Charakter, erfrischend.

Rodenbach Grand Cru
OUD BRUIN 6,5 VOL.-%
Ein säuerliches Bier, das in Holzfässern reift, hart und trocken; ein Bier für Kenner.

Rogue

2320 OSU Drive, Newport,
Oregon 97365, **USA**
www.rogueales.com

Durch außergewöhnliche Biere mit einer gut strukturierten Malzbasis mit darüber liegenden kräftigen Hopfenaromen gelangte die Brauerei zu internationalem Ruhm. Die treuen Anhänger, »The Rogue Nation«, warten ungeduldig auf die neuen limitierten Johns-Locker-Stock-Biere.

BRAUGEHEIMNIS: Die Biere von Rogue Ales werden obergärig gebraut, und zwar mit der hauseigenen PacMan-Hefe, die sich für Flaschengärung eignet.

Shakespeare Stout
STOUT **6** VOL.-%
Dunkel; Röstnoten, Schokolade und Kaffee, dunkle Früchte und kräftiges Malz. Deftiger Hopfen; ölig-cremiger, weicher Nachklang.

Dead Guy Ale
HELLER BOCK **6,6** VOL.-%
Komplex, in der Nase reine, üppig-fruchtige Malzaromen. Deutlich bitterer Hopfen, trocken-würzig.

Rooster's

Knaresborough, North Yorkshire,
HG5 8LJ, **ENGLAND**
www.roosters.co.uk

Das Prinzip ist einfach: Die Auswahl der Rohmaterialien wird sehr sorgfältig getroffen, was sich im Geschmack der Biere niederschlägt. Bier ist für Braumeister Sean Franklin nicht einfach nur eine Handelsware, sondern ein sinnliches Produkt, für das dem Hopfen Aromen von Litschis, Rosen, Kaffee, Grapefruit und Schokolade entlockt werden.

Rooster's Yankee
BITTER 4,3 VOL.-%
Weiche Bitterkeit, Aromen von exotischen Früchten und Muskattrauben neben würzigem Malz.

Outlaw Wild Mule
BITTER 3,7 VOL.-%
Hopfen aus Neuseeland sorgt bei diesem Bier für einen Charakter, der an einen Sauvignon Blanc erinnert.

Rothaus

Badische Staatsbrauerei Rothaus AG, Rothaus 1, 79865 Grafenhausen-Rothaus, **DEUTSCHLAND**
www.rothaus.de

Die idyllisch im Hochschwarzwald gelegene Brauerei wurde 1791 durch das Benediktinerkloster St. Blasien gegründet. Heute befindet sie sich im Besitz des Landes Baden-Württemberg und ist so erfolgreich wie nie: Selbst ohne kostspielige Werbeaktionen erlangte das Tannenzäpfle in den letzten Jahren einen Kultstatus in ganz Deutschland.

Rothaus Tannenzäpfle
PILSENER 5,1 VOL.-%
Würzig-spritziges Bier von goldgelber Farbe. Feines Hopfenaroma. Das Etikett der 0,33-Liter-Flasche wurde seit über 30 Jahren nicht verändert.

Rothaus Hefeweizen
WEIZENBIER 5,4 VOL.-%
Erfrischendes, sehr helles Bier mit milden Hopfenaromen und Fruchtnoten.

Rouget de Lisle

Rue des Vernes,
39140 Bletterans, **FRANKREICH**
www.brasserie-rouget-lisle.fr

Die 2002 eröffnete Brauerei trägt den Namen des Komponisten der französischen Nationalhymne. Sie bringt jedes Jahr bis zu 15 neue Biere auf den Markt, von denen einige ohne Hopfen gebraut werden.

BRAUGEHEIMNIS: Statt Hopfen werden u. a. Wermut, Löwenzahn, schwarze Johannisbeeren und Enzian verwendet.

Fourche du Diable

LAGER 5,4 VOL.-%
Bernsteinfarben; Aromen von Frühlingsblumen und ungewöhnliche Bitternoten durch Enzianwurzeln.

Abisinthe

LAGER 6 VOL.-%
Goldfarben; sehr erfrischend mit Aromen von Minze, Melisse und der besonderen Bitterkeit von Wermut.

Rulles

Artisanale de Rulles,
Rue Maurice Grevisse 36,
6724 Rulles, **BELGIEN**
www.larulles.be

Die Brasserie Artisanale de Rulles, die im Jahr 2000 gegründet wurde, ist sehr erfolgreich. Die Biere von Grégory Verhelst sind sehr charaktervoll, und auch die Etiketten sind beachtlich.

BRAUGEHEIMNIS: Grégory Verhelst lässt sich bei der Entwicklung seiner Biere durch den Braumeister von Orval unterstützen.

La Rulles Triple
BELGISCHES STARKBIER 8,4 VOL.-%
Ein körperreiches Bier, am Gaumen kräuterartige, trockene Bitterkeit: eine ideale Komposition. Stark.

La Rulles Estivale
SAISONBIER 5,2 VOL.-%
Ein erfrischendes zitrusfruchtiges und blumiges Sommerbier – eines der besten seiner Art.

Russian River

1812 Ferdinand Court, Santa Rosa,
California 95404, **USA**
www.russianriverbrewing.com

Chef Vinnie Cilurzo pflegt einen kreativen Einsatz von Hopfen, Hefen und Weinfässern, sodass es verwundert, dass seine Biere aus ein und derselben Brauerei stammen. Während seiner Zeit bei Blind Pig Brewing war er der Erste, der ein Imperial India Pale Ale für den Markt herstellte.

Beatification
SOUR ALE 6 VOL.-%
Ein spontanvergorenes und dann verschnittenes Bier. Komplex, herbe Mischung von Frucht und Holz. Idealer Säuregehalt im Nachklang.

Pliny The Elder
DOUBLE INDIA PALE ALE 8 VOL.-%
In Nase und Mund Hopfenaromen, hopfenbitter – und das gestützt durch eine kräftige Malzbasis.

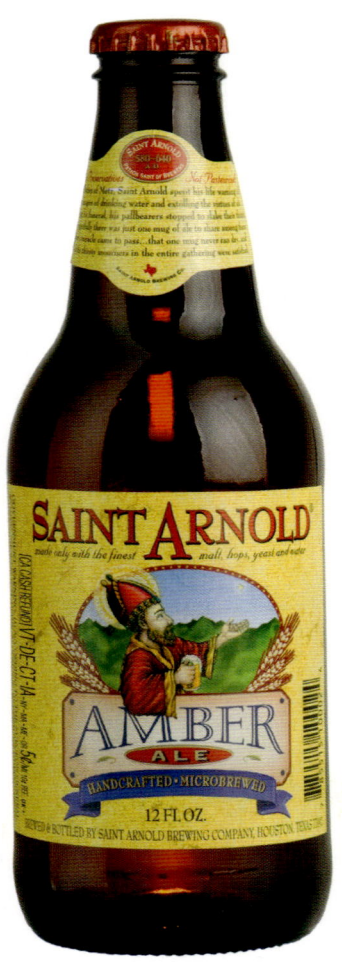

Saint Arnold

2522 Fairway Park Drive, Houston, Texas 77092, **USA**
www.saintarnold.com

Saint Arnold ist die älteste und größte Craft Brewery in Texas – sie wurde 1994 gegründet. 2007 verlor sie ihren Status als Mikrobrauerei, obwohl sie ihr Bier nach wie vor nur in Texas vertreibt. Der hl. Arnold ist einer der Schutzpatrone der Bierbrauer, und die Gärbehälter der Brauerei tragen die Namen anderer Heiliger.

Amber
AMBER ALE 5,5 VOL.-%
Karamell und Frucht-Ester, strahlendwürzige Hopfennoten. Exzellent vom Fass.

Elissa IPA
INDIA PALE ALE 6,6 VOL.-%
Durchgehend wunderbar hopfig, üppiger Grapefruit-Charakter. Schwer und saftig, üppiges Malz, das zur markanten Bitterkeit passt.

Saint Germain

26 route d'Arras, 62160 Aix-Noulette,
FRANKREICH
www.page24.fr

Es waren zwei junge, aber erfahrene Brauer, die 2003 die Brauerei eröffneten. Sie stellen obergärige Bières de Garde her, von denen eines nach Hildegard von Bingen (12. Jh.) benannt ist, der oft – fälschlicherweise – die Einführung von Hopfen in die Braukunst zugeschrieben wird.

Réserve Hildegarde Ambrée
ALE 6,9 VOL.-%
Goldfarben, üppige Nase mit Noten von Getreide, Gewürzen und Honig. Weich und bitter, langer Nachklang.

Page 24 Rhubarbe
RHABARBERBIER 5,9 VOL.-%
Goldfarben, blumige Aromen. Erfrischend mit besonderer Säure von dem verwendeten Rhabarber.

Sainte-Hélène

Rue de la Colinne 21,
6760 Ethe-Belmont, **BELGIEN**
www.sainte-helene.be

Nach einem hektischen Beginn geht bei Sainte-Hélène seit der Installation der neuen Brauanlage 2005 alles seinen Gang. Der Südwesten von Belgien scheint zum Brauen besonders günstig zu sein, denn dort eröffneten in letzter Zeit mehrere Brauereien. Die Biere von Sainte-Hélène sind bei den zahlreichen belgischen Bierfesten regelmäßig vertreten.

La Sainte Hélène Ambrée
BELGISCHES STARKBIER ALE 8,5 VOL.-%
Ähnelt im Charakter dem Triple, hat aber mehr Karamell- und Tabaknoten; gut ausgewogen.

La Djean Triple
BELGISCHES STARKBIER ALE 9 VOL.-%
Ein Bier mit vielen verschiedenen Aromen: von phenolisch bis fruchtig und von trocken bis cremig.

Samuel Adams

30 Germania Street, Boston,
Massachusetts 02130, **USA**
www.samueladams.com

Mit dem Namen Samuel Adams verbindet man Craft-Bier, seit die Boston Beer Company sich als Vertreiber von Spezialbieren etabliert hat. Die Marke kam 1984 in den Handel, als das Unternehmen »Mainstream«-Produzenten mit freien Kapazitäten unter Vertrag nahm. Inzwischen hat sie einige dieser Produzenten aufgekauft und stellt ihr Bier weitgehend selbst her. Jährlich findet ein Heimbrauer-Wettbewerb statt. Das Gewinnerbier wird anschließend für den Handel produziert.

Boston Lager
WIENER LAGER 4,9 VOL.-%
Komplexe, blumige Kiefernnoten in der Nase. Körperreich, Karamell im Mittelteil; trockener Nachklang.

Utopias
STRONG ALE 27 VOL.-%
Das stärkste Bier der Welt reift in Brandy- und Portweinfässern. Wie einen seltenen Cognac servieren.

Samuel Smith

High Street, Tadcaster, North Yorkshire, LS24 9SB, **ENGLAND**
www.samuelsmithsbrewery.co.uk

In Tadcaster gibt es drei Brauereien, von denen »Sam's« die kleinste ist. Dafür ist sie aber die älteste in ganz Yorkshire. Das Brauwasser stammt aus der hauseigenen Quelle.

BRAUGEHEIMNIS: Die Gärung findet bis heute in den sogenannten Yorkshire Squares statt, was den Bieren ihren besonderen Charakter verleiht.

Nut Brown Ale
BROWN ALE 5 VOL.-%
Eine haselnussbraune Bierspezialität, die im Geschmack an Bucheckern, Mandeln und Walnüsse erinnert.

Old Brewery Bitter
BEST BITTER 4 VOL.-%
Ein typisches malzbetontes Bitter Ale aus dem Norden mit einer Prise Hopfen und Frucht am Gaumen.

Schlenkerla

Dominikaner Str. 6,
96049 Bamberg, **DEUTSCHLAND**
www.schlenkerla.de

Die erste urkundliche Erwähnung von Schlenkerla stammt aus dem Jahr 1405. Das Unternehmen wird heute in der sechsten Generation von der Familie Trum geführt. Das Rauchbier ist eine Spezialität aus Bamberg.

BRAUGEHEIMNIS: Das Räucheraroma der Schlenkerla-Biere stammt von dem Rauch von Buchenholzfeuern, das auf der Darre durch das Malz zieht.

Aecht Schlenkerla Rauchbier
MÄRZEN **5,1** VOL.-%
Ein sehr dunkles, herbes Bier. Aromen von Geräuchertem und Röstmalz, im Nachklang etwas Hopfen.

Rauchbier Urbock
BOCK **6,5** VOL.-%
Ein dunkles Bockbier mit den für Schlenkerla typischen Rauch- und Röstaromen; herb-malzig im Geschmack, Süße im Nachklang.

BIERTOUR
BAMBERG

Gibt es einen schöneren Ort, um Bier zu genießen, als Bamberg mit seinem gut erhaltenen historischen Stadtkern? In der fränkischen Stadt an der Regnitz leben etwa 70 000 Menschen, und es gibt elf Brauereien. Viele dieser Biere haben einen rauchigen Charakter. Das liegt an der Verarbeitung des Getreides: Beim Mälzen lässt man die Körner keimen und stoppt diesen Vorgang später mit Hitze beim Darren. Ein Buchenholzfeuer gibt dem Bier Aromen von Holz, Rauch und Torf mit.

1 KLOSTERBRÄU
Erste urkundliche Erwähnung im Jahr 1333, 200 Jahre später erfolgte die Einrichtung als »Fürstbischöfliches Braunes Bierhaus«. Wer an der Brauerei vorbeispaziert, kann sich in diese Zeit zurückversetzen. *Obere Mühlbrücke 1–3 (www.klosterbraeu.de)*

2 DAS ALTE RATHAUS
In Bamberg gibt es überall Wasser. Das Alte Rathaus, das Wahrzeichen der Stadt, ist in den Fluss Regnitz hineingebaut. Das mittelalterliche Gebäude scheint auf einer künstlichen Insel zu balancieren – genießen Sie den Anblick, bevor Sie zur Brauerei Spezial weitergehen.

3 BRAUEREI SPEZIAL
Zur Brauerei gehört ein Gasthof, der auch von Bambergern gern besucht wird. Das Rauchbier von Spezial hat dezente, weiche Toffeenoten und sogar Anklänge an verbranntes Stroh, doch auch für mindestens vier andere Biere wird Rauchmalz verwendet. Im Gasthof gibt es die Möglichkeit, Bier abzufüllen und mit nach Hause zu nehmen. *Obere Königstr. 10 (www.brauerei-spezial.de)*

4 BRAUEREI FÄSSLA
Gegenüber der Brauerei Spezial liegt die Brauerei Fässla, in der seit 1649 gebraut wird. Der Brauereigasthof ist uriggemütlich eingerichtet, darüber befindet sich ein kleines Hotel. Das Logo – der Zwerg, der ein Bierfass rollt – ziert Gläser und das dunkle Mobiliar. Die süffigen Lagerbiere von Fässla zeichnen sich durch die Kombination von malzigen Noten und frischer, milder Bitterkeit aus. *Obere Königstr. 19–21 (www.faessla.de)*

5 SCHLENKERLA

Schlenkerla ist die bekannteste Brauerei mit Ausschank in Bamberg. Dort wird man herzlich begrüßt und bekommt ein wärmendes Rauchbier serviert, das Noten von rauchigem Whisky und Käse aufweist. Oft teilt man den Tisch mit anderen Gästen und sitzt dann in geselliger Runde beisammen, wozu das Bier sicher das Seine beiträgt. Es passt wunderbar zu deftigen, fränkischen Gerichten, z. B. zu Zwiebeln, die mit in Bier gegartem Fleisch gefüllt sind.
Dominikanerstr. 6 (www.schlenkerla.de)

6 AMBRÄUSIANUM

Gegenüber vom Schlenkerla befindet sich die Gasthausbrauerei Ambräusianum. Im Schankraum sind die Sudkessel zu sehen, was für ein eher modernes Ambiente sorgt. In der Tat gibt es das Ambräusianum erst seit 2004. Ein Wochenendfrühstück hier umfasst ein Glas Weizenbier, drei Weißwürste und eine Breze.
Dominikanerstr. 10 (www.ambraeusianum.de)

7 WEINSTUBE PIZZINI

Von außen macht die Weinstube Pizzini nicht viel her, und der Name lässt eher auf ein Weinlokal oder eine Pizzeria schließen. Der Innenraum allerdings ist sehr gemütlich und der Empfang ausgesprochen herzlich. Hier haben Sie die Möglichkeit, Biere von Fässla und Spezial zu probieren, aber auch ein Andechser Dunkel.
Obere Sandstr. 17

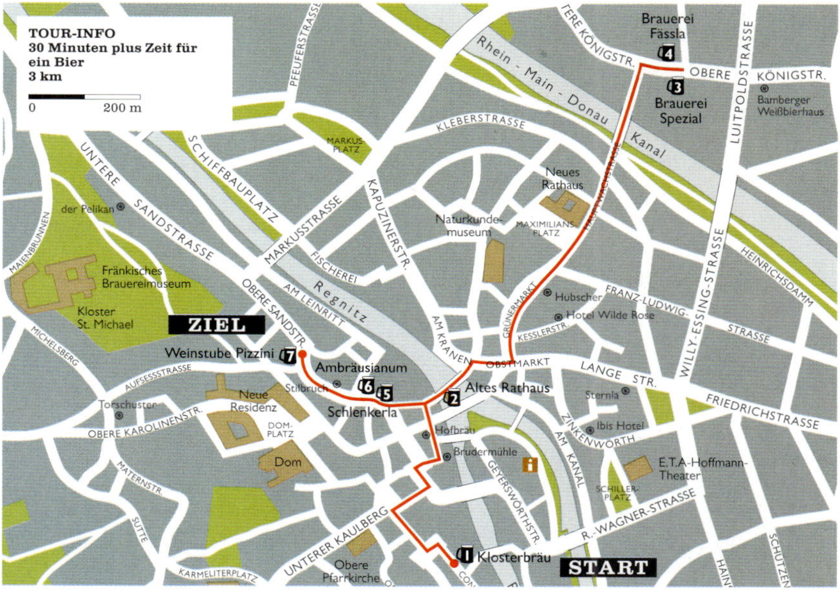

Schneider

Private Weissbierbrauerei Schneider, Emil-Ott-Str. 1-5, 93309 Kelheim, **DEUTSCHLAND**
www.schneider-weisse.de

Die Private Weissbierbrauerei G. Schneider & Sohn ist seit ihrer Gründung in Familienbesitz. Ursprünglich war sie in München ansässig, zog aber aufgrund der Zerstörung der Produktionsstätte nach dem 2. Weltkrieg nach Kehlheim. Aus der Brauerei in München ist ein weltbekanntes Restaurant geworden.

Schneider Weisse Original
WEIZENBIER 5,4 VOL.-%
Auch als »flüssiger Bernstein« bezeichnet: schön bernstein-mahagonifarben. Frisch und vollmundig, im Nachklang leichte, feine Bitternoten.

Aventinus
WEIZENSTARKBIER 8,2 VOL.-%
Ein fast schwarzes Bier mit Aromen von Schokolade und Trockenfrüchten; vollmundig und sehr frisch.

Schwechater

Mautner Markhof-Straße 11,
2320 Schwechat, **ÖSTERREICH**
www.schwechater.at

Schwechater ist eine große Brauerei, die 1841 das erste Lagerbier gebraut hat – genauer gesagt, das Lager im Wiener Stil (Wiener Lager) von Anton Dreher. Die Produktion dieses Biers wurde Anfang des 20. Jh. eingestellt. Heute gehört die Brauerei zu Heineken und produziert helle Lagerbiere.

Schwechater Zwickl
ZWICKELBIER 5,5 VOL.-%
Kräuterartige Hopfenaromen mit Anklängen an Zitronenschale. Trockener, hopfenbetonter Nachklang.

Schwechater Bier
HELLES LAGER 5 VOL.-%
Goldfarben, nach Malz duftend. Körperreich mit durchgehend markanten Hopfenaromen.

Sharp's

Wadebridge, Cornwall,
PL27 6NU, **ENGLAND**
www.sharpsbrewery.co.uk

Der Blick auf den Atlantik von der Küste Cornwalls aus beeinflusst mit Sicherheit die Sichtweisen und Ziele der dort lebenden Menschen. Die 1994 gegründete Brauerei arbeitet umweltschonend und mit erneuerbaren Energien. Sharp's ist heute der größte Hersteller von fassgereiften Bieren im Südwesten Großbritanniens.

Doom Bar
BITTER 4 VOL.-%
Würzig-harzähnliche Hopfenaromen und süßes Malz, vermischt mit Trockenfrüchten und Bitterkeit.

Atlantic IPA
INDIA PALE ALE 4,8 VOL.-%
Gebraut mit vier Hopfensorten. Sie sorgen für einen Duft nach Zuckerwatte und für frischen Geschmack.

Shepherd Neame

Faversham, Kent,
ME13 7AX, **ENGLAND**
www.shepherdneame.co.uk

1698 wurde Shepherd Neame vom Bürgermeister der Stadt gegründet und ist damit die älteste noch existierende Brauerei in England. Erst 1864 erhielt sie ihren Namen, und bis heute wird sie von der Familie Neame geführt. Reiches Erbe und Tradition gehen hier Hand in Hand mit zeitgemäßer Brautechnologie und Unternehmensführung.

BRAUGEHEIMNIS: Die Brauerei arbeitet bis heute mit Maischebottichen aus russischem Teakholz, die 1914 in Betrieb genommen wurden.

Bishops Finger
STRONG BITTER 5 VOL.-%
Üppig fruchtig, dabei Banane und Birne vorherrschend; im Geschmack keksartiges Malz und Trockenfrüchte.

Spitfire
PREMIUM BITTER 4,5 VOL.-%
Malzige Untertöne in Kombination mit subtilen Anklängen an Toffee und sehr fruchtig-zitronigem Hopfen.

Shiga Kogen

1163 Hirao, Yamanouchi-machi,
Shimo Takai-gun Nagano 381-0401,
JAPAN
www.tamamura-honten.co.jp

Im September 2004 brach der Sake-Hersteller Tamamura Honten mit einer 200 Jahre alten Tradition und begann, Bier zu brauen. Innerhalb von drei Jahren mauserte sich Shiga Kogen zu einem der besten handwerklich hergestellten Biere. Eine klare Produktidentität sowie hervorragend gestaltete Etiketten trugen zum Erfolg bei.

House DPA / Draft Pale Ale
PALE ALE 8 VOL.-%
Im amerikanischen Stil; orange-goldfarben; komplex-blumiges Hopfenaroma, süß nachklingend.

Miyama Blonde
ÄHNLICH WIE EIN SAISONBIER 7 VOL.-%
Gebraut mit der für Sake verwendeten Reissorte Miyama Nishiki sowie Hopfen und Gerste. Üppig, kurzer Nachklang.

Shiner Beers

603 Brewery Street, Shiner,
Texas 77984, **USA**
www.shiner.com

Dank der 1909 gegründeten Spoetzl Brewery hat Shiner Bock landesweit Bedeutung erlangt. 2009 feierte man den 100. Geburtstag mit einer Reihe neuer Biere – jedes in deutscher Brautradition stehend, die bis in die Zeit der ursprünglichen Shiner Brewing Association zurückreicht.

Shiner Hefeweizen

HEFEWEIZEN 5,3 VOL.-%
Trüb, im bayerischen Stil mit etwas Honig gebraut. Vom Charakter her mehr Weizen als Hefe, Anklänge an Zitrusfrucht.

Shiner Bock

AMERIK. DARK LAGER 4,4 VOL.-%
Eher ein Dark Lager als ein Bockbier. Ein Hauch von Karamellsüße spürbar.

Shongweni/ Robson's

B1 Shongweni Valley, Shongweni, nahe Durban, KwaZulu-Natal, **SÜDAFRIKA**
www.shongwenibrewery.com

Shongweni stellt in erster Linie flaschenvergorene Biere her; gemaischt wird nach dem Infusionsverfahren, die Gärung findet in offenen Behältern statt. Alle Biere sind ungefiltert und unpasteurisiert. Das Familienunternehmen kann sich auf dem Massenmarkt behaupten.

Robson's Durban Pale Ale
INDIA PALE ALE 5,7 VOL.-%
Gebraut aus Pale Malz sowie Cascade und Challenger Hopfen. Fruchtig-frisch, gut ausgewogen.

Robson's East Coast Ale
GOLDEN ALE 4 VOL.-%
Ein weiches Bier, das aus einer Malzsorte sowie Brewers Gold und Challenger Hopfen gebraut wird.

Siebensternbräu

Siebensterngasse 19,
1070 Wien, **ÖSTERREICH**
www.7stern.at

Siebensternbräu war die erste Gasthausbrauerei in Österreich, in der Spezialbiere – z. B. mit Chili und Früchten aromatisierte IPAs – hergestellt wurden. Inhaber Sigi Flitter holte auch viele ur-österreichische Biere aus der Vergessenheit. Das Sortiment ändert sich jede Saison, doch im Sommer gibt es immer Weizen- und im Winter immer Rauchbier.

Rauchbock
BOCK 7,9 VOL.-%
In der Nase viel Rauch; voller Körper mit Anklängen an Schokolade und Lakritz; rauchiger Nachklang.

Prager Dunkles
DUNKLES LAGER 4,5 VOL.-%
Die meisten dunklen Biere in Österreich sind süß, dieses ist trocken. Intensive Röstnoten, kaum Hopfennoten. Im Nachklang Röstnoten.

Sierra Nevada

1075 East 20th Street, Chico,
California 95928, **USA**
www.sierranevada.com

Sierra Nevada Brewing hat Biertrinker mit den Zitrus- und Kiefernaromen des im Nordwesten angebauten Hopfens bekannt gemacht. Die Brauerei versteht sich gewissermaßen als Vermittler zwischen Biertrinkern und Hopfen. Sierra Nevada nimmt auch den Umweltschutz ernst: Die Firma hat eine riesige Solaranlage in Auftrag gegeben, mit der sie ihrem Ziel näher kommen will, die benötigte Energie zu 100 % selbst zu produzieren.

Pale Ale
PALE ALE 5,6 VOL.-%
In Nase und Mund Kiefern- und Grapefruitaromen (Cascade Hopfen), malzige Fruchtigkeit hält dagegen.

Bigfoot
BARLEY WINE 9,6 VOL.-%
Erdig, angenehm im Mund, deutliche Zitrusaromen (Hopfen) und whiskyähnliches Malz. Jung recht bitter.

Silly/Mynsbrug Hen

Ville Basse 2, 7830 Silly, **BELGIEN**
www.silly-beer.com

Dieser Familienbetrieb aus dem 19. Jh. beschreitet auf der Suche nach Marktnischen den schmalen Grat zwischen Tradition und technischem Fortschritt. Zum Sortiment gehört das *Saison*, das es in Flaschen abgefüllt oder – noch besser – vom Fass gibt. Vor Kurzem kam ein Bier heraus, das mit Rum versetzt wird: La Cré Tonnerre.

Silly Saison
SAISON 5,2 VOL.-%
Fruchtig, etwas wie Madeira. Selbst jung ähnelt es eher einem Oud Bruin als einem Saisonbier.

Scotch Silly
SCOTCH ALE 8 VOL.-%
Solche Biere haben in Wallonien Tradition. Dieses ist malzig-dunkel, körperreich; leicht süß und fruchtig.

Simonds Farsons Cisk

The Brewery, Notabile Road,
Mriehel, BKR 01, **MALTA**
www.farsons.com

Wo immer britische Soldaten stationiert waren, gab es schon bald auch Bier. Diese im aufwendigen Art-déco-Stil errichtete Brauerei wurde 1946 gegründet. Inzwischen ist sie renoviert worden.

BRAUGEHEIMNIS: Farsons braut auch das mächtige XS (9 Vol.-%) für den Export.

Farsons Lacto
MILK STOUT 3,8 VOL.-%
Dieses schwarze Bier ist ein klassisches Milk Stout, dem nach der Gärung Laktose zugesetzt wurde.

Hopleaf Extra
ALE 5 VOL.-%
Gebraut aus englischem Malz und Hopfen; ein komplexes Bier mit erfrischend bitterem Nachklang.

Sinebrychoff

Oy Sinebrychoff Ab,
Sinebrychoffinaukio 1 PL 87,
04201 Kerava, **FINNLAND**
www.sinebrychoff.fi

Sinebrychoff gehört heute zur Carlsberg A/S. Der Name wird gern zu »Koff« abgekürzt, und so heißt auch die Hauptmarke. Die Brauerei wurde 1819 von dem Russen Nikolai Sinebrychoff gegründet.

BRAUGEHEIMNIS: Die Mikrobrauerei Karhupanimo produziert mehrere handwerklich hergestellte Lagerbiere.

Sinebrychoff Porter
IMPERIAL STOUT 7,2 VOL.-%
Ein robustes Bier voller Kaffeearomen; langer, wärmender Nachklang.

Karhu III
LAGER 4,6 VOL.-%
Vom Brauer selbst als »ungezähmt« beschrieben. Körperreich, im Geschmack kräftigere Hopfen- und Malznoten als sonst bei Lagerbieren.

Ska

545 Turner Drive, Durango,
Colorado 81301, **USA**
www.skabrewing.com

Bill Graham und Dave Thibodeau benannten ihre Brauerei nach der Ska-Musik, die sie zu Collegezeiten gespielt hatten. Bei der Gründung von Ska 1995 waren beide tagsüber berufstätig und brauten nachts. Heute können sie die Nachfrage kaum befriedigen und sind dabei, eine neue Brauerei zu bauen.

Ten Pin Porter
PORTER 5,4 VOL.-%
Durchgehend Schokolade und Karamell, im Geschmack ist der Röstkaffee kräftiger. Geht über in leichte Bitterkeit.

True Blonde
GOLDEN ALE 4,2 VOL.-%
Mit Honig gebraut. Leichtes, keksartiges Malz, Honig und etwas hopfige Zitrusnoten.

Sleeman

551 Clair Road West, Guelph,
Ontario, N1L 1E9, **KANADA**
www.sleeman.com

Die Familie Sleeman begann 1834 in Kanada Bier zu brauen. In diesem Jahr kam der ehrgeizige junge Brauer John Sleeman aus England nach Ontario. 1851 gründete er in Guelph die Sleeman Brewery und braute aus dem für seine Härte bekannten Quellwasser vor Ort Bier in Chargen von 100 Fässern. Sleeman gehört heute zu Sapporo.

Honey Brown Lager
LAGER 5 VOL.-%
Ein erfrischendes, weiches, körperreiches Lagerbier mit Anklängen an Honig; leicht süßer Nachklang.

Sleeman Cream Ale
ALE 5 VOL.-%
Gebraut mit dem Ziel, die Frische eines deutschen Lagerbiers mit dem typischen Geschmack eines englischen Ales zu verbinden.

Smuttynose

225 Heritage Avenue, Portsmouth,
New Hampshire 03801, **USA**
www.smuttynose.com

Smuttynose Brewing ist bekannt für gut ausgewogene Biere, und doch war die Brauerei eine der ersten, die auch »Extrembiere« produzierte. 1998 erschien die Serie Big Beer. Aufgrund der großen Nachfrage gibt es Pläne für einen Umzug innerhalb von Portsmouth.

Shoals Pale Ale
PALE ALE 5 VOL.-%
Angenehme Frucht und Keks am Gaumen münden in einen hopfigen Nachklang.

Robust Porter
PORTER 5,7 VOL.-%
Gut ausgewogene Mischung von dunklen Früchten und Schokolade. Die üppigen Röstaromen hinterlassen einen starken Eindruck.

Snake River

265 S. Millward Street, Jackson,
Wyoming 83001, **USA**
www.snakeriverbrewing.com

Der Snake River Brewpub liegt mitten in Jackson – mit Blick auf den Snow King Mountain und nur wenige Kilometer vom Skiort Jackson Hole entfernt. Er ist in einem ehemaligen Lager aus Schlackenbeton untergebracht und wurde beim Great American Beer Festival als »Kleinbrauerei des Jahres« ausgezeichnet.

Zonker Stout
STOUT 5,8 VOL.-%
Geröstete Gerste gibt einen robusten Ton vor, darunter Schokolade (eher süß). Schön trockener Abgang.

Lager
VIENNA LAGER 6 VOL.-%
Goldfarben mit großer Schaumkrone. Malzbetont, saubere Röst- und Karamellnoten, im Nachklang zunehmend trocken.

Southampton

40 Bowden Square, Southampton,
New York 11968, **USA**
www.publick.com

Phil Markowski, der rührige Braumeister des Southampton Publick House, reist regelmäßig nach New York und Pennsylvania, um dort drei Brauereien zu betreuen. Er hat eine Serie für das Brewery-Restaurant auf Long Island kreiert, weiterhin braut er Spezialbiere (in 750-ml-Flaschen mit Korken) und überwacht die Produktion der Double White und Secret Ales. Seit Anfang 2008 werden die Southampton-Biere von Pabst vertrieben.

Saison
SAISON 6,5 VOL.-%
Erst Blüten-, Zitrus- und süße Noten. Üppige Textur, unterbrochen durch herbe Weizen- und Orangennoten.

Secret Ale
ALTBIER 5,1 VOL.-%
Üppige, mitreißende Aromen von dunkler Frucht und Schokolade, am Gaumen zusätzlich Kaffee. Angenehm bitterer Nachklang.

Starobrno

Hlinky 160/12, 661 47 Brno,
TSCHECHISCHE REPUBLIK
www.starobrno.cz

Die Brautradition in Brünn wurde durch Klöster begründet, vor allem durch Augustiner- und Zisterzienserorden. Die Brauerei Starobrno arbeitet seit jeher technisch auf dem neuesten Stand, wofür die Eigentümer, die Familien Mandell und Huzak, gesorgt haben. Dies hat ihr das Qualitätszertifikat »Czech Made« eingebracht. Starobrno gehört heute zu Heineken.

Starobrno Premium Lager
PREMIUM LAGER 4 VOL.-%
In der Nase Heu, Melone und Malz, gesteigert durch Spuren von Karamell am Gaumen.

Starobrno Rezák
MISCHUNG AUS DUNKLEM UND HELLEM BIER 4 VOL.-%
Dunkel bernsteinfarben, leicht bitterer Hopfen und köstliches Malz.

Staropramen

Nádražni 84, 150 54 Prag 5,
TSCHECHISCHE REPUBLIK
www.staropramen.com

Staropramen begann 1871 mit der Bierherstellung, und zwar im Prager Arbeiterviertel, was den Absatz der Biere sicherte. Schon von Beginn an galt Staropramen als die tschechische Brauerei, was die Biere natürlich vor allem bei patriotisch gesinnten Landsleuten beliebt macht. Heute gehört Staropramen zu Anheuser-Busch InBev.

Staropramen Dark Beer
SCHWARZBIER 4,5 VOL.-%
Der leichte Körper umspielt malziges Karamell, Lakritz und Anissamen bis hin zum blumigen Nachklang.

Staropramen Premium Lager
PREMIUM LAGER 5 VOL.-%
Ein tiefgoldenes, vollmundiges und würzig-mildes Premiumbier mit zufriedenstellendem Nachklang.

St Austell

St Austell, Cornwall,
PL25 4BY, **ENGLAND**
www.staustellbrewery.co.uk

Mut und Unternehmergeist gehörten dazu, als Walter Hicks 1851 seinen Hof mit einer Hypothek belastete, um eine Brauerei zu gründen. Die Familie Hicks ist nach wie vor an dem Unternehmen beteiligt. Zu St Austell gehören 168 Pubs, und die Brauerei produziert weit mehr als 6,5 Mio. l Bier im Jahr.

Tribute
BITTER 4,2 VOL.-%
Üppiges Keksaroma durch die Gerstensorte Cornish Gold, ausgeglichen durch intensive Fruchtnoten.

St Austell IPA
INDIA PALE ALE 3,4 VOL.-%
Hocharomatisch, voller frischer Hopfenaromen; am Gaumen gut abgerundet, Anklänge an Karamell.

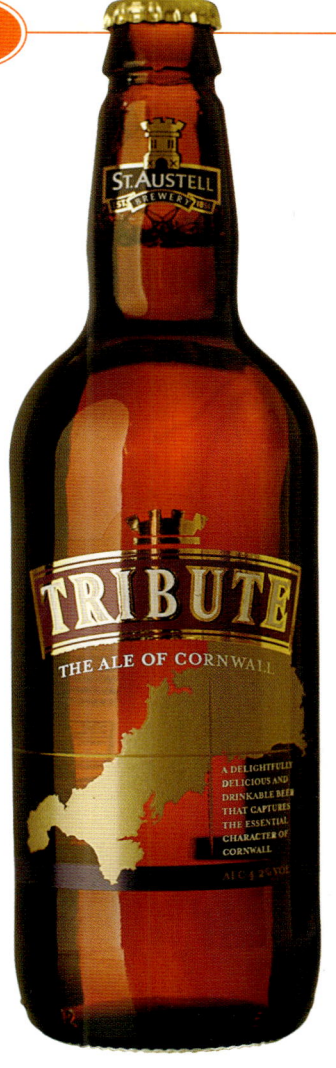

St. Christoffel

Metaalweg 10, 6045 JB Roermond,
NIEDERLANDE
www.christoffelbier.nl

St. Christoffel ist seit 1986 in Betrieb und gehört damit zu den ältesten Mikrobrauereien in den Niederlanden. Gegründet wurde sie von Leo Brand von der Brauer-Dynastie Brand. Seine Lagerbiere sind die besten des Landes.

BRAUGEHEIMNIS: Das Robertus ist ein seltenes Exemplar eines Münchner Dunkels ganz im bayerischen Stil.

Christoffel Blond
PILS 6 VOL.-%
Geradezu überquellend von würzigen Hopfenaromen: Basilikum, Minze, Ingwer, Grapefruit und Nelken.

Christoffel Robertus
MÜNCHNER DUNKLES 6 VOL.-%
Das nussige Aroma von Münchner Malz ist stets erkennbar, begleitet von Keks-, Toast- und Toffeenoten.

Stiegl

Kendlerstraße 1,
5017 Salzburg, **ÖSTERREICH**
www.stiegl.at

Von Stiegl stammt das erfolgreichste Bier in Österreich, das Goldbräu. Stiegl wurde 1492 gegründet und ist heute die größte unabhängige Brauerei im Land. Sie hat im Laufe ihrer Geschichte zahlreiche Exponate aus der »Brauwelt« gesammelt, die in dem zur Brauerei gehörenden Museum gesammelt sind – dem größten Brauereimuseum Europas.

Goldbräu
MÄRZEN 4,9 VOL.-%
Relativ wenig Bitteraromen, Anklänge an malzige Süße in der Nase und am Gaumen.

Paracelsus Zwickl
BIO-LAGER 5 VOL.-%
Ein orangefarbenes und trübes Bio-Bier mit Aromen von Malz und Hefe; mittlerer Körper, kaum bitter.

Brauhaus Sternen

Hohenzornstrasse 2,
8500 Frauenfeld, **SCHWEIZ**
www.brauhaussternen.ch

Eine faszinierende Gasthausbrauerei auf dem Gelände der Actienbrauerei Frauenfeld, wo Martin Wartmann seinerzeit das Ittinger kreierte (das heute von Calanda gebraut wird). Die heutige Brauerei wurde 2003 mithilfe prominenter europäischer Brauer errichtet. Einige dieser Biere wurden »nur für Freunde« in kleinen Mengen verkauft.

Wartmann's Nur Für Freunde N° 1
BELGISCHES DUBBEL 9,6 VOL.-%
Schokoladiger, süßer Duft. Körperreich und fruchtig (reife Pflaumen); im Nachklang sehr milde Bitterkeit.

Honey Brown Ale
BROWN ALE 6 VOL.-%
Süß und fruchtig. Erfrischend angesichts des Alkoholgehalts. Kaum bitter, im Nachklang etwas Honig.

Stiftsbrauerei Schlägl

Schlägl 1, 4160 Schlägl,
ÖSTERREICH
www.stift-schlaegl.at

In dem Örtchen Schlägl nahe der tschechischen und der deutschen Grenze liegt die einzige österreichische Brauerei, die zu 100 % einem (Prämonstratenser-) Kloster gehört. In den vergangenen Jahren ist das Sortiment der Stiftsbrauerei beträchtlich angewachsen.

Stifter Bier
AMBER ALE 5,7 VOL.-%
Malzig-süß mit erfrischend fruchtigen (Pfirsich und Melone) Untertönen. Nur leichte Anklänge an Hopfen.

Doppel-Bock
STARKBIER 8,3 VOL.-%
Schwere, malzbetonte Nase. Fruchtig (Pfirsich und Apfel) und süß, sehr ausgewogener Nachklang.

Stone

1999 Citracado Parkway, Escondido, California 92029, **USA**
www.stonebrew.com

An dem Slogan für das Arrogant Bastard Ale – »Sie sind es nicht wert« – scheiden sich die Geister. Doch das Argument von Greg Koch für seine hocharomatischen Biere ist keinesfalls elitär: Seiner Meinung nach bedarf es nur wenig, um Bier zu bewerten. »Wenn Sie möchten, dass die Leute große Biere trinken, müssen Sie mit großen Bieren werben«, meint er. Diese Strategie trug ihm jährliche Zuwachsraten von 30 % ein.

IPA
INDIA PALE ALE 6,9 VOL.-%
Im Antrunk Hopfenaromen bei stabilem Malzcharakter, später komplexer, am Ende strahlend bitter.

Imperial Russian Stout
IMPERIAL STOUT 9,4 VOL.-%
Sehr dynamisch. Saftiger Hopfen, der durchgehend auf üppiges Malz abgestimmt ist. Lang anhaltender, bitterer Nachklang.

Sul Brasileira

BR 392, Km 05, Santa Maria –
RS, 97000, **BRASILIEN**
www.xingubeer.com

In Brasilien heißt es, das Xingu-Bier von Sul Brasileira sei der Nachfolger von einem Bier, das früher von den ersten Brauern im Amazonasgebiet hergestellt wurde. Der Name Xingu (gesprochen: Schingu) bezieht sich auf einen der zahlreichen Nebenflüsse des Amazonas, den Río Xingú, wo bis heute Indianerstämme leben.

Xingu Black Beer
SCHWARZBIER 4,7 VOL.-%
Sehr dunkel, im Geschmack leicht süß. Die Schaumkrone hält sich im Glas nur kurz.

Švyturys-Utenos

Kuliu Vartu g. 7, Klaipeda, **LITAUEN**
www.svyturys.lt/en

Hier wurde schon 1784 Bier gebraut, und damit ist Švyturys die älteste Brauerei in Litauen. Sie ist bekannt für Qualität und hat mehrere internationale Auszeichnungen erhalten. Besuchergruppen können die Brauerei besichtigen (Buchungen über www.klaipedainfo.lt).

BRAUGEHEIMNIS: Jedes neu gebraute Bier wird von allen Angestellten beurteilt.

Švyturys Ekstra
DORTMUND LAGER 5,2 VOL.-%
Klar und goldfarben mit stabiler, weißer Schaumkrone. Intensive Hopfenaromen, leicht bitter.

Švyturio
LAGER 5 VOL.-%
Durchscheinend goldfarben; gut ausgewogen zwischen üppigem Malz und bitterem Hopfen.

Teerenpeli

Hämeenkatu 19, Lahti, **FINNLAND**
www.teerenpeli.com

Teerenpeli betreibt Brauereien, Kneipen und Restaurants in Helsinki, Lahti und Tampere. Die erste Brauerei wurde 1995 gegründet, eine zweite folgte. 2002 eröffnete eine Whiskybrennerei im Restaurant Taivaanranta in Lahti. Teerenpeli-Biere wurden beim Bierfest in Helsinki mehrfach ausgezeichnet.

Laiskajaakko
LAGER 4,5 VOL.-%
Ein körperreiches, malzbetontes, dunkles Lagerbier, gebraut aus Crystal-50-Malz und Hallertauer Hopfen.

Onnenpekka
LAGER 4,7 VOL.-%
Goldfarben, erfrischend. Gebraut aus Pilsner Malzgerste aus der Region Lahti und reinem Wasser aus der Region der Salpausselkä-Moränen.

Terrapin

255 Newton Bridge Road, Athens,
Georgia 30607, **USA**
www.terrapinbeer.com

Spike Buckowski und John Cochran brachten Anfang 2008 ihr erstes eigenes Bier auf den Markt – sechs Jahre nachdem die Terrapin Beer Company begonnen hatte, unter Vertrag das Rye Pale Ale zu brauen. Letzteres war erfolgreich, ebenso die starken Biere der »Monster Beer Tour«-Serie, die erschienen, nachdem in Georgia die 6-Vol.-%-Grenze für Biere aufgehoben worden war.

Rye Pale Ale
PALE ALE 5,3 VOL.-%
Mischung aus Roggen und Grapefruit, die den Fruchtaromen Textur verleiht und die Bitterkeit ergänzt.

Wake-n-Bake Coffee Oatmeal Imperial Stout
IMPERIAL STOUT 8,1 VOL.-%
Der Name sagt schon alles, dabei noch dunkle Früchte, überdeckt von Schokolade.

Theakston

Masham, North Yorkshire,
HG4 4YD, **ENGLAND**
www.theakstons.co.uk

Mehrfache Besitzerwechsel bescherten der 180 Jahre alten Brauerei eine unruhige Vergangenheit. Heute ist sie wieder im Besitz der Familie Theakston, untersteht aber dem Management von Scottish & Newcastle. Das Logo zeigt das Siegel des Peculiar Court of Masham (ein unabhängiges Dorfgericht) aus dem 12. Jh.

Old Peculier
STRONG BITTER 5,6 VOL.-%
Dunkel rubinrot; weicher, fruchtiger Duft, im Geschmack vollmundig-malzig.

Black Bull Bitter
BITTER 3,9 VOL.-%
Hell bernsteinfarben; am Gaumen trocken und spröde, im Geschmack Zitrusfrüchte.

BERÜHMTE **341** BIERE

Thiriez

22 rue de Wormhout,
59470 Esquelbecq, **FRANKREICH**
www.brasseriethiriez.com

Bevor er 1996 Brauer wurde, hatte Daniel Thiriez als Lebensmittelgroßhändler gearbeitet. Er richtete seine Brauerei in einem alten Bauernhof in Französisch-Flandern ein und braut hier mit traditionellen Methoden.

BRAUGEHEIMNIS: Die ungefilterten Biere von Thiriez durchlaufen eine zweite Gärung in der Flasche.

Etoile du Nord
BLOND ALE 5,5 VOL.-%
Sobald man die Flasche öffnet, steigt einem ein herrlicher Duft von frischem Hopfen in die Nase. Die erfrischende Bitterkeit des Biers harmoniert wunderbar mit den feinen Malzaromen.

Thornbridge

Bakewell, Derbyshire,
DE45 1NZ, **ENGLAND**
www.thornbridgebrewery.co.uk

Die oberste Maxime der Brauerei lautet, »niemals gewöhnlich« zu sein – und sie ist damit sehr erfolgreich. Thornbridge arbeitet in dem herrschaftlichen Anwesen Thornbridge Hall, wo 2005 das erste Bier gebraut wurde. Die Freude an der Entwicklung neuer Biersorten bestimmt den Arbeitsstil bei Thornbridge.

Jaipur
INDIA PALE ALE 5,9 VOL.-%
Sehr komplex mit zitrusartigem Hopfen; im langen Nachklang gegen Ende Bitterkeit.

Lord Marples
BITTER 4 VOL.-%
Ein süffiges Bitter Ale mit Anklängen an Honig und Karamell; langer, bitterer Nachklang.

T

Three Boys Brewery

Unit 10, Garlands Rd, Woolston, Christchurch, **NEUSEELAND**
www.threeboysbrewery.co.nz

Mikrobiologe Ralph Bungard arbeitet mit vielen unterschiedlichen Hefen und stellt damit neuseeländische Interpretationen klassischer Biere her.

BRAUGEHEIMNIS: Zu den in begrenzter Menge hergestellten Saisonbieren gehören ein exzellentes Oyster Stout (im Winter) und ein herrliches Golden Ale (im Sommer).

Three Boys Wheat
WITBIER 5 VOL.-%
Voller pikanter Zitronen- und Koriandernoten, Anklänge an Ingwer. Ein spritziges Bier.

Three Boys Porter
PORTER 5,2 VOL.-%
Am seidigen Gaumen üppige Mokkanoten vorherrschend; im Nachklang geröstetes Getreide und Hopfen.

Three Floyds

9750 Indiana Parkway, Munster,
Indiana 46321, **USA**
www.threefloyds.com

Das erste Bier der Brauerei war Alpha King, das 1996 auf den Markt kam. Braumeister Nick Floyds Philosophie: »Ich liebe den Duft von Hopfen am Morgen. Er riecht nach Sieg.«

BRAUGEHEIMNIS: Das einmal im Jahr herauskommende Dark Lord Russian Imperial Stout ist innerhalb eines Tages ausverkauft.

Alpha King
PALE ALE 6 VOL.-%
Im Antrunk viel Zitrusfrucht. Festes Malzrückgrat, abgestimmt auf hopfige Öligkeit. Anhaltende Bitterkeit.

Gumballhead
AMERIK. WEIZENBIER 4,8 VOL.-%
In der Nase Zitrus- und Gartenfrüchte, anschließend durchgehend herb durch den Weizen und den Hopfen.

Timmermans

Kerkstraat 11, 1701 Itterbeek,
BELGIEN
www.anthonymartin.be

Timmermans war ursprünglich eine traditionelle Lambic-Brauerei, gehörte aber zu den Ersten, die obergärige Biere in ihre Verschnitte gaben. Einer der Schwerpunkte sind mit Sirup versetzte Lambics, die vor allem ein jüngeres Publikum ansprechen sollen. Die Produkte von Timmermans, auch die Tradition Gueuze, sind in belgischen Supermärkten erhältlich.

Tradition Gueuze
GUEUZE 5 VOL.-%

Einst hieß dieses Bier »Caveau«. Es ist eine Mischung aus Tradition und Zugeständnissen an den Geschmack der Zeit: mehr Ananas als Zitrusfrucht, eher kräuterartige Noten als solche von Pferdedecke.

Timothy Taylor

Keighley, West Yorkshire,
BD21 1AW, **ENGLAND**
www.timothy-taylor.co.uk

Die 1858 gegründete Brauerei ist bis heute im Besitz der Familie Taylor.

BRAUGEHEIMNIS: Gebraut wird mit Wasser aus der eigenen Quelle und der Gerstensorte Golden Promise, die in erster Linie zu Whiskymalz verarbeitet wird – aus der Kombination ergibt sich der typisch taylorsche Geschmack.

Landlord
PREMIUM BITTER 4,3 VOL.-%
Komplexer Hopfenduft, Aromen von Gewürz und Zitrusfrucht, dabei immer wieder keksartiges Malz.

Best Bitter
BEST BITTER 4 VOL.-%
Dieses Yorkshire-Bitter zeichnet sich durch viel Malz aus, dem zitrusartige Hopfenaromen folgen.

Titanic

Burslem, Staffordshire,
ST6 1JL, **ENGLAND**
www.titanicbrewery.co.uk

Titanic nahm den Betrieb 1985 auf und bewies, dass man mit offenem Holzfeuer gute Biere brauen kann. Heute liegt der jährliche Ausstoß bei knapp 1 Mio. l pro Jahr. Bei der Produktion wird auf Umweltverträglichkeit geachtet. Der Name erinnert an das berühmteste Passagierschiff der Welt, dessen Kapitän John Edward Smith in der Nähe geboren wurde.

Titanic Stout
STOUT 4,5 VOL.-%
In der Nase Röstnoten und eingelegte Früchte; Betonung von Frucht- und Lakritznoten.

Best Bitter
BEST BITTER 3,5 VOL.-%
Strohfarben, in der Nase Anklänge an Schwefel, lange nachklingende Hopfenaromen.

Topvar

Krusovska cesta 2092,
Topol'čany, **SLOWAKEI**
www.topvar.sk

Die Brauerei arbeitet an zwei Orten in der Slowakei: Topol'čany und Vel'ký Šariš. Im Jahr 2000 brachte sie mit Brigita ein Bier auf den Markt, benannt nach der slowakischen Finanzministerin Brigita Schmögnerovà. Nach deren Rücktritt 2002 blieb das Bier noch einige Zeit auf dem Markt. Das Unternehmen gehört heute zu SABMiller.

Topvar Svetlé
LAGER 5,2 VOL.-%
Ein Aufleuchten verschiedener Gelbtöne; dünner weißer Schaum. Dieses Bier duftet verführerisch und schmeckt intensiv zitrusfruchtig.

Traquair

Innerleithen, Peeblesshire,
EH44 6PW, **SCHOTTLAND**
www.traquair.co.uk

Die Brauanlage aus dem 18. Jh. in Traquair House, das ursprünglich Bonnie Prince Charlie als Jagdschloss diente, wurde erst 1965 wiederentdeckt. Seither wird sie genutzt, um Bier im Stil jener Zeit zu brauen.

BRAUGEHEIMNIS: Das Bier gärt in Bottichen aus Eichenholz, und der Gärungsprozess dauert sieben Tage.

Jacobite Ale
BARLEY WINE 8 VOL.-%
Bittersüßer Geschmack von Schokolade und Portwein, gewärmt durch Kräuternoten von Koriander.

Traquair House Ale
BARLEY WINE 7,2 VOL.-%
Ein dunkles Wintergetränk mit Eichenaromen, Noten von Malz, Obstkuchen und Süßkirschen.

La Trappe

Eindhovenseweg 3, Berkel-Enschot,
NIEDERLANDE
www.latrappe.nl

Es gibt nur sieben Trappistenbrauereien auf der Welt, und die von Koningshoven (besser bekannt als La Trappe) ist die einzige außerhalb Belgiens. Da es im Kloster Nachwuchsprobleme gab, entschied man sich, die Brauerei an Bavaria zu verkaufen. Doch gebraut wird nach wie vor im Kloster selbst unter Aufsicht der Mönche.

La Trappe Witte Trappist
WITBIER 5,5 VOL.-%
Ohne Gewürze, was aber durch dezenten Aromahopfen ausgeglichen wird, der für köstliche Zitrusfrucht- und Pfefferaromen sorgt.

La Trappe Tripel
TRIPLE 8 VOL.-%
In diesem ausgewogenen Bier weicht die Fruchtigkeit Aromen von Koriander, Orange und bitterem Hopfen.

Tsingtao

Hong Kong Road, Central,
Qingdao, **CHINA** 266071
www.tsingtaobeer.com

Die Brauerei Tsingtao wurde 1903 von deutschen Siedlern in Qingdao gegründet. Heute gehört sie z. T. dem Giganten Anheuser-Busch InBev, der massiv in neue Brauereien auf dem chinesischen Festland investiert. Der Konzern betreibt insgesamt mehr als 40 Brauereien und Mälzereien in ganz China.

Tsingtao
LAGER 4,8 VOL.-%
Im Geschmack frisch und leicht malzig, nussig-süß. Hellgelb; in der Nase getreidige, leicht süße Aromen. Durch die viele Kohlensäure ist das Bier recht spritzig.

U Medvídků

Na Perštýně 7, 100 01 Prag 1,
TSCHECHISCHE REPUBLIK
www.umedvidku.cz

Restaurant und Brauerei gehen auf das Jahr 1466 zurück, allerdings wurde in den letzten Jahren viel umgebaut und bei dieser Gelegenheit ein Drei-Sterne-Hotel eingerichtet. Es ist dank der restaurierten Dachstühle und der Deckengemälde aus der Renaissance einmalig. Das ursprüngliche Brauhaus wurde zu einem der größten Bierlokale in Prag umgebaut.

Oldgott Barique Ležák
PILSENER 5,2 VOL.-%
Erdige Aromen mit melonenfruchtigen Anklängen; hefig, entwickelt sich zu Röstmalz- und Karamell-Noten.

X-Beer
SPEZIALBIER 12,6 VOL.-% (VARIABEL)
Reift 28 Wochen in Eiche und entwickelt dabei süßliche Aromen und grenzenlose Komplexität.

Union

Pivovarniška ulica 2,
1000 Ljubljana, **SLOWENIEN**
www.pivo-union.si

Diese Brauerei wurde 1864 von der Familie Kozler gegründet und ist heute eine der modernsten Brauereien in Slowenien. In einem interessanten Museum erfahren Besucher alles Wissenswerte über den Brauprozess. Die Brauerei ist der einzige Produzent von Backhefe in Slowenien.

Union Lager
LAGER 5 VOL.-%
Sehr beliebt: ein süßes, goldfarbenes Bier mit Obertönen von Mais.

ČRNI Baron / Schwarzer Baron
STOUT 5,2 VOL.-%
Wunderbar zum Dessert: Duft und Geschmack nach Karamell, wärmender Abgang, der allerdings länger sein könnte.

United Breweries

Bengaluru, **INDIEN**
www.theubgroup.com

Ein Pegasus ziert das Logo der Brauerei. Kingfisher ist auf dem schnell wachsenden indischen Markt die führende Marke. Die Brauerei, die ehemals die Truppen des britischen Königreiches versorgte, hat sich inzwischen zu einem weltweit renommierten Unternehmen entwickelt.

Kingfisher
LAGER 5 VOL.-%
Blass gelbfarben, nach Gras duftend; Hopfenaromen erkennbar, der Nachklang ist süßlich.

London Pilsner 5.0
LAGER 5 VOL.-%
Ein blassgelbes Bier mit Hopfenaromen und süßlichem Nachklang, das nach Gras duftet.

Upstream

514 South 11th Street, Omaha,
Nebraska 68102, **USA**
www.upstreambrewing.com

Als die Brauerei 1996 gegründet wurde, war sie Teil einer »losen Kette«, die mit Wynkoop anfing. Upstream – der Name ist die Übersetzung des Namens, den die Ureinwohner Omaha gaben – ist heute unabhängig und braut Biere, die es zuvor in Nebraska nicht gab.

BRAUGEHEIMNIS: Inzwischen reifen Upstream-Biere in Fässern.

Batch 1000 Barley Wine
BARLEY WINE 10,2 VOL.-%
In Nase und Mund weinartig, Karamell mischt sich mit Frucht-Estern. Üppig, angenehmes Mundgefühl.

Grand Cru
BELGISCHES STARKBIER 9 VOL.-%
Ein Jahr in Weinfässern aus Eiche gereift. In der Nase erdige, hölzerne Noten, am Gaumen Zitrus- und Honigaromen, am Schluss ausgewogen.

Vancouver Island

2330 Government St. Victoria,
British Colombia, V8T 5G5,
KANADA
www.vanislandbrewery.com

Ausschlaggebend für die Gründung dieses Unternehmens 1984 war die Tatsache, dass es auf Vancouver Island keine regional hergestellten Biere gab. Laut der Philosophie der Brauerei sollten beim Brauen Handwerkskunst und Wissenschaft perfekt zusammenwirken.

BRAUGEHEIMNIS: Es wird mit feinster kanadischer Gerste gebraut.

Hermannator
EISBOCK 9,5 VOL.-%
Gebraut und dann gefroren – eine Symphonie komplexer Kastanientöne und würziger Aromen.

Hermann's Dark
LAGER 5,5 VOL.-%
In der Nase Toast und Malz, ähnliche Noten am Gaumen; beinahe nussartiger Charakter.

Victory

420 Acorn Lane, Downingtown, Pennsylvania 19335, **USA**
www.victorybeer.com

Die beiden Gründer von Victory Brewing – Ron Barchet und Bill Covaleski – lernten sich 1973 im Schulbus kennen und haben inzwischen die meisten Biernationen bereist. Sie hospitierten in deutschen Brauereien und arbeiteten in amerikanischen Mikrobrauereien, bevor sie 1996 ihre eigene Brauerei gründeten.

BRAUGEHEIMNIS: Langjährige Verträge mit deutschen Hopfenanbauern stellt die Versorgung mit authentischen Zutaten für die Lagerbiere sicher.

Prima Pils
PILSENER 5,3 VOL.-%
Frischer Blütenduft, am Gaumen keksartig; kräftiger, bitter-rauer Nachklang. Robust, zugleich delikat.

Golden Monkey
TRIPLE 9,5 VOL.-%
Würzig, Anklänge an Banane, denen leicht pfeffrige Aromen folgen. Am Gaumen bonbonsüß, trockener Nachklang.

Wadworth

Devises, Wiltshire,
SN10 1JW, **ENGLAND**
www.wadworth.co.uk

Die Brauerei wurde 1875 von Henry Wadworth gegründet und musste schon zehn Jahre später ein neues, größeres Gebäude beziehen. Der ursprüngliche Sudkessel aus Kupfer ist noch in Betrieb. Für die Kunden vor Ort wird das Bier in Holzfässer abgefüllt. Ein Böttcher und die Auslieferung der Fässer mit Pferdefuhrwerken halten die Traditionen aufrecht.

Wadworth 6X
BEST BITTER 4,3 VOL.-%
In der Nase Frucht und Malz mit verhaltenen Hopfenaromen, die am Gaumen mehr Intensität entwickeln.

JEB
STRONG BITTER 4,7 VOL.-%
Ein Schwung exotischer Früchte in der Nase, auf der Zunge viel Malz, am Gaumen dann nussig-süß.

Bierwerkstatt Weitra

Sparkasseplatz 160,
3970 Weitra, **ÖSTERREICH**
www.bierwerkstatt.at

Die Bierwerkstatt Weitra hat wohl die ältesten Braurechte Österreichs inne – sie wurden 1321 verliehen. In jener Zeit gab es in Weitra viele Brauereien, heute nur noch die Bierwerkstatt und eine Gasthausbrauerei.

BRAUGEHEIMNIS: Die Brauerei ist auf Bio-Biere spezialisiert und arbeitet bis heute mit offenen Gärbehältern.

Hadmar
BIO-LAGER 5,2 VOL.-%
In der Nase und am Gaumen süßliches Malz; Anklänge an bittere Röstnoten; variiert.

Weitra Hell
LAGER 5 VOL.-%
Strohfarben, gut erkennbare Ester, wenig Kohlensäure; am Gaumen weich, mild gehopft.

Wells & Young's

Bedford, Bedfordshire,
MK40 4LU, **ENGLAND**
www.charleswells.co.uk
www.youngs.co.uk

Wells & Young's ging 2006 aus der Vereinigung der Londoner Brauerei Young's und der in Bedford ansässigen Brauerei Charles Wells hervor und ist heute einer der größten Fassbier-Produzenten in Großbritannien. Das Sortiment von Wells & Young's ist riesig, und das nicht erst seit 2007, als aufgrund eines Abkommens mit Scottish & Newcastle noch die Marke Courage (Best Bitter und Directors Bitter) hinzukam.

Wells Bombardier
PREMIUM BITTER 4,3 VOL.-%
Kräftiger, zitrusartiger Hopfenduft vereint sich in einer Mischung von Malz und Trockenfrüchten.

Young's Bitter
BITTER 3,7 VOL.-%
Gut ausgewogen mit zitrusfruchtigen Hopfennoten und ausreichend Malz für einen blumig-brotigen Nachklang.

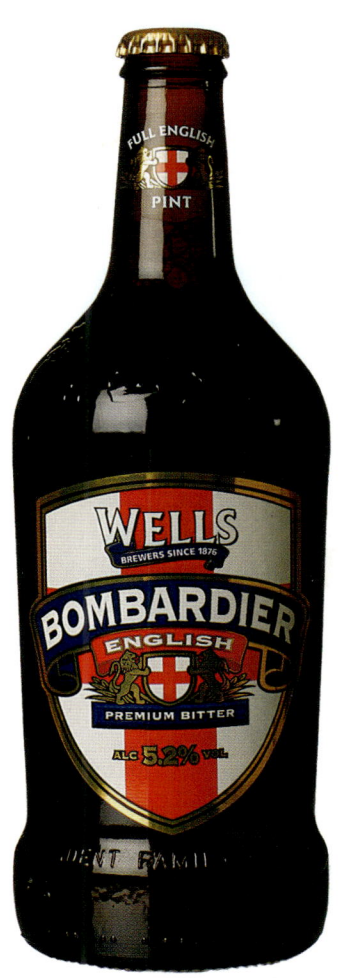

Weltenburg

Klosterbrauerei Weltenburg,
Heitzerstr. 2, 93049 Regensburg,
DEUTSCHLAND
www.weltenburger.de

Zur Benediktinerabtei Weltenburg gehört die älteste Klosterbrauerei der Welt (aus dem Jahr 1050). Die Brauerei liegt malerisch oberhalb des Donaudurchbruchs. Die Klosterschänke hat einen exzellenten Ruf.

BRAUGEHEIMNIS: Trotz der langen Geschichte der Brauerei wird mit einer hochmodernen Anlage gebraut.

Asam Bock
BOCK **6,9** VOL.-%
Ein dunkel mahagonifarbener Doppelbock. Gut zu trinken, im Geschmack leicht süß mit schönen Malznoten im Nachklang.

Anno 1050
EXPORT **5,5** VOL.-%
Dieses Jubiläumsbier bietet eine einmalige Mischung von Malz- und Hopfenaromen; gut ausgewogen.

Westmalle

Antwerpsesteenweg 496,
2390 Malle, **BELGIEN**
www.trappistwestmalle.be

Die Trappistenmönche brauen seit 1836 in dem Kloster in Westmalle. Zunächst wurde das Bier nur für den Eigenbedarf hergestellt. In Westmalle wird mit einer hochmodernen Anlage gebraut, und das Dubbel und das Tripel setzen den Standard für das, was ein gutes Trappistenbier ist. Das Extra könnte bei richtiger Vermarktung auch international sehr erfolgreich sein.

Westmalle Dubbel
TRAPPISTENBIER 7 VOL.-%
Dunkel und weinartig mit aufkommender Süße; überraschend hopfig. Ein Klassiker.

Westmalle Tripel
TRAPPISTENBIER 9,5 VOL.-%
Dieses goldfarbene Bier ist süßlich-fruchtig mit hopfenbetontem Nachklang.

Westvleteren

Donkerstraat 12,
8640 Vleteren, **BELGIEN**
www.sintsixtus.be

Das Kloster genießt Weltruhm, scheut aber die Öffentlichkeit. Um an das Bier zu gelangen, muss man telefonisch einen Termin im Kloster vereinbaren – und man hat den Eindruck, dass der nur unwillig gewährt wird. Die Bierproduktion soll keinesfalls die Mönche in ihrem klösterlichen Leben behindern.

BRAUGEHEIMNIS: Die Bierflaschen haben keine Etiketten; der Inhalt ist nur an der Farbe der Kronkorken zu erkennen.

Westvleteren Blond
TRAPPISTENBIER 5,8 VOL.-%
Dieses blonde Bier beginnt mit vielen getreidigen Aromen, denen imposanter, bitterer Hopfen folgt.

Westvleteren 12
TRAPPISTENBIER 10,2 VOL.-%
Ein gewaltiges, dunkles Trappistenbier: überaus angenehm im Mund, perfekte Balance zwischen süßen und bitteren Noten.

Wickwar

Wickwar, Gloucestershire,
GL12 8NB, **ENGLAND**
www.wickwarbrewing.co.uk

Dank der Investition von ca. 1,3 Mio. Euro konnte Wickwar den Status als Mikrobrauerei hinter sich lassen und seine Kapazität fast vervierfachen. Die Biere reifen in den unterirdischen Gewölben der ehemaligen Brauerei Arnold Perret & Co. Der Export nimmt stetig zu, und die Absatzzahlen in Europa sind vielversprechend.

Station Porter
PORTER 6,1 VOL.-%
Üppig-weich mit Noten von Röstkaffee, Schokolade und Trockenfrüchten; komplexe Gewürznoten.

IKB
BEST BITTER 4,7 VOL.-%
Schwungvoll durch vielfältige Malzaromen, dazwischen üppige Kirsch- und Pflaumennoten erkennbar.

Widmer

929 North Russell, Portland,
Oregon 97227, **USA**
www.widmer.com

Auch nach einer mehr als 20-jährigen Erfolgsgeschichte sorgt das amerikanische Hefeweizen, das die Widmer-Brüder einst kreierten, noch für zweistellige Zuwachsraten. Widmer und Redhook bilden gemeinsam die Craft Breweries Alliance, doch Widmer betreibt nach wie vor die eigene Brauerei.

Hefeweizen
AMERIK. HEFEWEIZEN 4,9 VOL.-%
Zitrusaromen als Gegenspieler zu reinen, brotähnlich-herben Weizenaromen. Zum Abschluss Grapefruit.

Snow Plow
MILK STOUT 5,5 VOL.-%
In der Nase Kaffeearomen, die am Gaumen cremiger werden; Röstnoten gemischt mit üppiger Schokolade.

Williams

Alloa, Clackmannanshire,
FK10 1NT, **SCHOTTLAND**
www.heatherale.co.uk

Alloa war einmal die Nummer zwei hinter dem Brauzentrum Burton-upon-Trent. Historische Rezepturen werden hier mit traditionellen Methoden kunstvoll umgesetzt.

BRAUGEHEIMNIS: Das Fraoch Heather Ale wird mit blühendem Heidekraut anstelle von Hopfen gebraut, was auf ein altes keltisches Rezept zurückgeht.

Fraoch Heather Ale
SPECIALITY BITTER 4,1 VOL.-%
Blumig und aromatisch im Überfluss, malziger Charakter, leicht minzeartige Schärfe und ein Hauch Torf.

Kelpie Seaweed Ale
SPECIALITY BITTER 4,4 VOL.-%
Verführerische Aromen durch die Verwendung von an der Küste angebautem Bio-Weizen und Blasentang.

Wismar

Kleine Hohe Str. 15, 23966 Wismar,
DEUTSCHLAND
www.brauhaus-wismar.de

Anfang des 15. Jh. gab es in Wismar etwa 180 registrierte Brauereien, und die Stadt war in ganz Europa für ihre Biere bekannt. Das Brauhaus am Lohberg zu Wismar wurde 1452 eröffnet und ist heute die einzige Brauerei in der Stadt. Seit 1995 braut man wieder Biere im Stil der mittelalterlichen Hanse.

Wismarer Mumme
LAGER 4,8 VOL.-%
Ein Bier im alten Stil: lieblicher Duft nach Malz, im Mund leichte Hopfenaromen; langer, süßer Nachklang.

Roter Eric
SPEZIALBIER 4,8 VOL.-%
Die helle, rötliche Farbe geht auf Spezialmalz zurück; ein weiches, aromatisches Bier, süßlicher Nachklang.

Woodforde's

Woodbastwick, Norwich, Norfolk,
NR13 6SW, **ENGLAND**
www.woodfordes.co.uk

Seit der Gründung 1981 musste Woodforde's schon zweimal umziehen und steigert weiterhin die Produktion unter Beibehaltung der hohen Qualität der Biere. Woodforde's hat sich einen treuen Kundenstamm aufgebaut und die wichtigsten nationalen Preise eingeheimst. Schlüssel zum Erfolg ist das hochwertige Brunnenwasser auf dem Woodforde's-Gelände.

Wherry Best Bitter
BEST BITTER 3,8 VOL.-%
Duft nach Blüten und Zitrusfrucht, malzbetonter Mittelteil und lang anhaltender Nachklang.

Norfolk Nog
BITTER 4,6 VOL.-%
Dunkelrot; Röstmalz-Noten im Hintergrund entwickeln sich hin zu Lakritz- und Trockenfrucht-Nuancen.

Worthington's White Shield

Burton-upon-Trent, Staffordshire,
DE14 1YQ, **ENGLAND**
www.worthingtonswhiteshield.com

Worthington's White Shield wurde erstmals 1829 gebraut. 2003 erhielt das Bier eine Goldmedaille bei der International Beer Competition.

BRAUGEHEIMNIS: White Shield ist ein Geheimtipp für Bierliebhaber, da es in der Flasche »lebt« und sich durch Lagerung noch verbessert.

White Shield
INDIA PALE ALE 5,6 VOL.-%
Seine Anhänger schätzen die Hopfen-»Attacke«, die Rauchnoten, die sirupartige Toffee-Süße, den Hauch Paprika, die Anklänge an frittierte Bananen, an Stilton-Käse und an aufgeschnittenen Apfel.

Worthington Red Shield
ALE 4,2 VOL.-%
Englischer und amerikanischer Hopfen – Bramling Cross, Cascade und Centennial – zusammen mit einem weißen Malz ergeben ein komplexes, sättigendes Bier mit Zitrusaromen.

Yanjing

9 Shuanghe Road, Shunyi District,
Beijing, **CHINA**
www.yanjing.com.cn

Yanjing ist die letzte große unabhängige Brauerei in China. Sie hat sich in den letzten 25 Jahren zum größten Brauereikonzern Chinas entwickelt und betreibt 20 weitere Brauereien auf dem chinesischen Festland. Der Ausstoß erreichte im Jahr 2010 bereits 50 Mio. hl.

Yanjing Beer
LAGER 5 VOL.-%

Duft nach hellem, süßem Sirup; Schichten von Keks und Mais; leuchtet im Glas wie die Sonne. Das sehr reine Brauwasser stammt aus tiefen Erdschichten unterhalb des Yanshan (Yan-Berges).

Yoho

1119-1 Otai, Saku City,
Nagano 385-0009, **JAPAN**
www.yonasato.com

Das Yona Yona Ale ist vermutlich das populärste handwerklich hergestellte Bier in Japan. Es ist überall in Japan erhältlich, in Dosen oder vom Fass. Chefbrauer Toshi Ishii hat zuvor bei Stone Brewing in San Diego in den USA gearbeitet. Ihm ist der Erfolg von Tokyo Black zu verdanken, einem hocharomatischen, ausgewogenen Porter.

Yona Yona Ale
PALE ALE 5,5 VOL.-%
Ein lebhaftes, zitrusfruchtiges American Pale Ale; Cascade Hopfen sorgt für einen leicht scharfen Nachklang.

Tokyo Black
PORTER 5 VOL.-%
Ein schmackhaftes Porter mit Röstnoten und ganz individuellen Zügen. Brauer Ishii hat vor Kurzem eine Charge davon in England gebraut.

Yukon Brewing

102A Copper Rd, Whitehorse,
Yukon, Y1A 2Z6, **KANADA**
www.yukonbeer.com

Reines Wasser ergibt reine Biere. Die Yukon-Biere werden mit dem reinsten Wasser in ganz Nordamerika gebraut. Die Stadt Whitehorse liegt am Ufer des Yukon, umgeben von den Bergen mit ihren klaren Seen. Yukon Brewing stellt acht Biere her, darunter eins, das mit Kaffeebohnen aromatisiert wird.

Lead Dog Ale
ALE 7 VOL.-%
Komplexer Malzgeschmack. Das Bier erinnert mit seinem cremefarbenen Schaum an ein Porter.

Discovery Ale
PALE ALE 5 VOL.-%
Gebraut mit Honig vom schmalblättrigen Weidenröschen. Im Nachklang auf der Zunge trocken.

Zagrebacka

Ilica 224, Zagreb, **KROATIEN**
www.starbev.com

Die größte Brauerei Kroatiens wurde 1893 gegründet und gehört heute StarBev. Nachdem der Bierkonsum jahrelang rückläufig war, ist jetzt ein Wachstum zu verzeichnen, vor allem bei Lagerbieren.

BRAUGEHEIMNIS: Lange gedarrte Gerste verleiht dem dunklen Lagerbier die Farbe, aber auch den speziellen Duft und Geschmack.

Ožujsko Pivo
LAGER 5,2 VOL.-%
Ein Lagerbier mit schwerer weißer Schaumkrone. In der Nase Mais und Malz, der Nachklang ist fruchtig.

Tomislav Pivo
DUNKLES LAGER 7 VOL.-%
Das stärkste kroatische Bier. Dunkel rubinrot mit Aromen von Röstmalz und Kaffee; trockener Nachklang.

Žatec

Žižkovo náměstí 81, 438 01 Žatec,
TSCHECHISCHE REPUBLIK
www.zateckypivovar.cz

Saaz ist weltberühmt für seinen Hopfen, und schon seit dem 13. Jh. wird in der Stadt gebraut. In einem Traktat von 1585 wird das Bier für seinen »Geschmack, seine Stärke und seine Heilkraft« gelobt.

BRAUGEHEIMNIS: Zu den Neuerungen gehören die Renovierung der offenen Gärbehälter und neue Abfüllanlagen für Keg-Fässer und Flaschen.

Žatec Blue Label
PREMIUM LAGER 4,6 VOL.-%
Anklänge an grasigen Hopfen und süßes Malz in der Nase, am Gaumen Banane und keksartiges Malz.

Žatec Export
PILSENER 4,6 VOL.-%
Aromen von Brot, Kräutern und süßem Malz, delikat-würziger Hopfen und gemäßigte Apfelsäure.

Zlatopramen

Dráždanská 80, 400 07 Ústí nad Labem, **TSCHECHISCHE REPUBLIK**
www.zlatopramen.cz

Die Anfänge der Brauerei reichen bis ins 13. Jh. zurück, als die Stadt Aussig die Brauberechtigung erhielt. Anfang des 20. Jh. besuchte der österreichische Kaiser Franz Joseph I. die Stadt und die Brauerei, die bald darauf den kaiserlichen Adler verwenden durfte. Die Handelsmarke Zlatopramen gibt es seit 1967. Heute gehört die Brauerei zur Drinks Union A.G.

Zlatopramen 11º
PILSENER **4,7 VOL.-%**
Ein schwaches, erdiges Hopfenaroma entfaltet sich zu vollem Keksgeschmack mit kräftiger Bitterkeit.

Zlatopramen 11º Dark
DUNKELBIER **4,6 VOL.-%**
Blumig-aromatisch, süßer Gaumen durch die Mischung von Gerstenmalzen, in Toffeenoten übergehend.

Żywiec

ul. Browarna 88, 34-300 Żywiec,
POLEN
www.zywiec.com.pl

Erzherzog Albrecht von Österreich war es, der die Brauerei 1856 gründete. Nach dem 2. Weltkrieg wurde sie verstaatlicht und Mitte der 90er-Jahre von Heineken aufgekauft. Zur Brauerei gehört ein Museum, das die Besucher durch den Brauprozess führt.

BRAUGEHEIMNIS: Das Porter wird nach einem Rezept von 1881 gebraut.

Żywiec
LAGER 5,6 VOL.-%
Ein helles, frisches und süffiges Bier mit Aromen von Blüten und Hopfen; wird heute weltweit exportiert.

Porter
BALTIC PORTER 9,5 VOL.-%
Ein dunkles, starkes Bier, gebraut aus Münchner und anderen Malzen. Aromahopfen sorgt für üppige Aromen.

Register

Das Register verzeichnet die einzelnen Biere in alphabetischer Sortierung. Brauereien sind über den Hauptteil des Buches auffindbar.

0-9

1744 (Glaab) 173
312 Urban Wheat (Goose Island) 174
60 Minute IPA (Dogfish Head) 127
#9 (Magic Hat) 246

A

Aaas Bock (Aass Bryggeri) 8
Aass Juleøl (Aass Bryggeri) 8
Abbaye des Rocs Brune (Abbaye des Rocs) 9
Abbot Ale (Greene King) 179
ABC Extra Stout (Asia Pacific Breweries) 36
Abisinthe (Rouget de Lisle) 301
Abtei-Bock (Mettlacher Abteibräu) 254
Abtei-Josef-Sud (Mettlacher Abteibräu) 254
Achel Bruin 8 (Achelse Kluis) 10
Achel Extra Bruin (Achelse Kluis) 10
Adam (Hair of the Dog) 185
Adnams Bitter (Adnams) 12
Adnams Broadside (Adnams) 12
Aecht Schlenkerla Rauchbier (Schlenkerla) 309
AFO (Ducato) 132
Ale No. 16 (Refsvindinge) 293
Alhambra Premium (Alhambra) 18
Allagash White (Allagash) 19
Alpha King (Three Floyds) 345
Altweizen Gold (Grünbach) 180
Amadeus (Gayant) 170
Amadeus Doppelbock (Bayern Meister Bier) 52
Amber (Alaskan) 15
Amber (Full Sail) 166
Amber (Saint Arnold) 304
Amber / Jantarový Ležák (Bernard) 61

Amsterdam Weizenbier (Amsterdam Brewery) 25
Anchor Steam (Anchor) 26
Angry Boy Brown Ale (Baird Brewing) 43
Anno 1050 (Weltenburg) 362
Anno 1417 (Hacker-Pschorr) 184
Antarctica (Brahma) 81
Antares Kölsch (Antares) 32
Antares Stout Imperial (Antares) 32
Apatinsko Pivo (Apatinska Pivara) 33
Arabier (De Dolle Brouwers) 128
Armada Ale (Harveys) 189
Asam Bock (Weltenburg) 362
Atlantic IPA (Sharp's) 314
Avec Les Bons Vœux (Dupont) 135
Aventinus (Schneider) 312

B

Bajuwaren Dunkel (Auer) 37
Baltic Porter (Duck-Rabbit) 133
Baltika No 3 Classic (Baltika) 45
Baltika No 6 Porter (Baltika) 45
Bam-Biere (Jolly Pumpkin) 216
Bamberg (Biertour) 310–311
Bambergator (Fässla) 150
Barley Wine Ale (Alaskan) 15
Barmen Pilsner (Coors) 112
Barney Flats Oatmeal Stout (Anderson Valley) 28
Barnsley Bitter (Acorn) 11
Barnsley Gold (Acorn) 11
Batch 1000 Barley Wine (Upstream) 356
Batemans XXXB (Bateman) 48
Bath Ales Gem (Bath Ales) 49
Bathams Best Bitter (Bathams) 50
Bathams Mild Ale (Bathams) 50
Bayerisches Dunkel (Altöttinger) 23
BB 10 (Barley) 46
Beatification (Russian River) 303
Beer Greek Breakfast (Mikkeller) 256
Beerlao (Lao) 231
Beerlao Dark (Lao) 231
Belgian Style Dubbel (Flying Fish) 158
Bellringers Bitter (Galbraith's) 169
Benno Scharl (Grünbach) 180
Berg Märzen (Berg) 57
Berg Original (Berg) 57
Bergbock Hell (Andechs) 27
Best Bitter (Timothy Taylor) 347

Best Bitter (Titanic) 348
Bière Darbyste (Blaugies) 68
Bigfoot (Sierra Nevada) 320
Bintang Pilsener (Multi Bintang) 266
Bintang Gold (Multi Bintang) 266
Bischoff Kölsch (Bischoff) 64
Bischofshof Pils (Bischofshof) 65
Bishops Finger (Shepherd Neame) 315
Bitburger Light (Bitburger) 66
Bitter & Twisted (Harviestoun) 190
Black (Mikkeller) 256
Black Bull Bitter (Theakston) 341
Black Cat (Moorhouse's) 264
Black Country Mild (Holden's) 199
Black Ghost (Fantôme) 149
Black Sheep Ale (Black Sheep) 67
Black Strap Stout (BridgePort) 84
Black Tulip (New Holland) 269
Black Wattle Original Ale (Barons) 47
Blackened Voodoo (Dixie) 125
Blackjack Porter (Left Hand) 234
Blanche des Honnelles (Abbaye des Rocs) 9
Blue Heron (Mendocino) 253
Blue Label (Harveys) 189
Blue Moon (Allersheim) 20
Blue Moon Belgian White (Coors) 112
Bob Hudson's Bitter (Galbraith's) 169
Bocker (Bellegems Bruin) 71
Bohemian Black Lager (Herold) 192
Bohemian Pilsner (Matilda Bay) 250
Boone Oude Kriek (Boon) 73
Boont ESB (Anderson Valley) 28
Borefts Blond (De Molen) 261
Borefts Stout (De Molen) 261
Boston Lager (Samuel Adams) 307
Bourganel au Nougat (Bourganel) 78
Bourganel aux Marrons (Bourganel) 78
Brahma (Brahma) 81
Brains Bitter (Brains) 79
Brains SA Gold (Brains) 79
Brakspear Bitter (Brakspear) 80
Brakspear Special (Brakspear) 80
Braugold Bock (Braugold) 82
Braugold Spezial (Braugold) 82
Brew No. 121 (Bøgedal Bryghus) 72
Brew No. 127 (Bøgedal Bryghus) 72
Brinkhoff's No. 1 (Brinkhoff) 85

Brinkhoff's Radler (Brinkhoff) 85
Brøckhouse Esrum Kloster (Brøckhouse) 89
Brøckhouse IPA (Brøckhouse) 89
Brooklyner Weisse (Brooklyn) 90
Brother Thelonious (North Coast) 272
Brüssel (Biertour) 136–137
Budels Capucijn (Budels) 94
Budels Lager (Budels) 94
Budweiser Budvar / Czechvar (Budweiser Budvar) 95
Bush Ambrée (Dubuisson) 131
Bush Prestige (Dubuisson) 131

C

Caledonian 80 Shilling (Caledonian) 97
Cambrian Bitter (Felinfoel) 152
Cantillon Gueuze (Cantillon) 98
Caramel Bock (August Schell) 39
Carib Lager (Carib) 102
Carib Stag (Carib) 102
Cascade Blonde (Cascade) 103
Cascade Stout (Cascade) 103
Castle Lager (Castle/SAB) 105
Castle Milk Stout (Castle/SAB) 105
Celebration/Svátecni Ležák (Bernard) 61
Celebrator (Ayinger) 42
Celis White (Michigan) 255
Cēsu Balsam Porter (Cēsu Alus) 108
Cēsu Premium (Cēsu Alus) 108
Ch'ti Blonde (Castelain) 104
Chimay Tripel (Chimay) 109
Chiostro (Piccolo Birrificio) 285
Choulette Framboise (La Choulette) 110
Christoffel Blond (St. Christoffel) 332
Christoffel Robertus (St. Christoffel) 332
Clancy Amber Ale (Moosehead) 265
Colomba (Pietra) 286
Columbus (Brouwerij 't IJ) 91
Coopers Extra Stout (Coopers) 111
Coopers Sparkling Ale (Coopers) 111
Cotswolds (Biertour) 202–203
Creamy Dark (Leinenkugel's) 235
CRNI Baron / Black Baron (Union) 354
Crop Circle (Hop Back) 204
Cumberland Ale (Jennings) 214

Curieux (Allagash) 19
Cusqueña (Cervesur) 107
Czech Dark Lager (Budweiser Budvar) 95
Le Coq Porter (A. Le Coq) 16

D

Dark Force (Haandbryggeriet) 183
Dark Island (Orkney) 277
Dark Mild (Hydes) 208
Darmstädter 1847 Zwickelbier (Darmstädter) 116
Darmstädter Pilsner (Darmstädter) 116
Darwin's Evolution (Darwin) 117
Dead Guy Ale (Rogue) 298
Deuchars IPA (Caledonian) 97
Deus Brut Des Flandres (Bosteels) 76
Diebels Alt (Diebels) 121
Diebels Pils (Diebels) 121
Dinkelacker CD-Pils (Dinkelacker-Schwaben Bräu) 122
Dinkelacker Privat (Dinkelacker-Schwaben Bräu) 122
Discovery Ale (Yukon Brewing) 373
Distelhäuser Landbier (Distelhäuser) 123
Distelhäuser Pils (Distelhäuser) 123
Dithmarscher Dunkel (Dithmarscher) 124
Dithmarscher Pils (Dithmarscher) 124
Divina (Panil (Torrechiara)) 282
La Djean Triple (Sainte-Hélène) 306
Doctor Okell's IPA (Okell's) 275
Dogbolter (Matilda Bay) 250
Doggie Style Pale Ale (Flying Dog) 157
Doom Bar (Sharp's) 314
Doppelbock (Jandelsbrunner) 213
Doppel-Bock (Stiftsbrauerei Schlägl) 335
Doppelbock Dunkel (Andechs) 27
Doryman's Dark Ale (Pelican) 283
Dos Equis (Moctezuma) 260
Double Bock (A. Le Coq) 16
Double Dragon (Felinfoel) 152
Double IPA (Minoh AJI) 258
Double Maxim (Double Maxim) 129
Dragon Stout (Desnoes and Geddes) 119
Drayman's Porter (Berkshire) 59
Dreher Bak (Dreher) 130

Dreher Classic (Dreher) 130
Dugges Avenyn Ale (Dugges Ale & Porterbryggeri) 134
Dunkles (Glaab) 173
Duvel (Duvel Moortgat) 138

E

Easy Rider (Kelham Island) 218
Echigo Pilsener (Echigo) 140
Echigo Stout (Echigo) 140
Edel Hell (Haake-Beck) 182
Edelstoff (Augustiner) 38
Edmund Fitzgerald Porter (Great Lakes) 177
Eggenberg Světlý Ležák (Eggenberg) 143
Eggenberg Tmavý Ležák (Eggenberg) 143
Einbecker Spezial (Einbecker) 144
Eliot Ness (Great Lakes) 177
Elissa IPA (Saint Arnold) 304
Emerson's Old 95 (Emerson's) 145
Emerson's Organic Pilsner (Emerson's) 145
Erdinger Pikantus (Erdinger) 146
Erdinger Schneeweiße (Erdinger) 146
ESB (Fuller's) 165
ESB Ale (Flying Fish) 158
Etalon Weissbier (Ridna Marka) 294
Etoile du Nord (Thiriez) 342
Exmoor Ale (Exmoor) 148
Exmoor Gold (Exmoor) 148
Expedition Stout (Bell's) 55

F

Fantôme (Fantôme) 149
Faro Girardin (Girardin) 172
Farrotta (Almond 22) 21
Farsons Lacto (Simonds Farsons Cisk) 322
Fat Squirrel (New Glarus) 268
Fat Tire (New Belgium) 267
Faust Kräusen (Faust) 151
Fein-Herb (Altöttinger) 23
Fendt Dieselrossöl (Aktien) 14
Fire Rock Pale Ale (Kona) 221
First Lady (Crailsheimer Engelbräu) 114
Five Beer (Keo) 219
Flaming Stone Beer (Boscos) 75
Flensburger Pils (Flensburger) 155
Fleurette (Birrificio Italiano) 63

Fliegerquell (Airbräu) 13
Floreffe Double (Lefèbvre) 233
Foreign Extra Stout (Guinness) 181
Fourche du Diable (Rouget de Lisle) 301
Fraoch Heather Ale (Williams) 367
Fred (Hair of the Dog) 185
Freeminer Bitter (Freeminer) 160
Friedenfelser Pils Leicht (Friedenfels) 162
Friedenfelser Weizen Leicht (Friedenfels) 162
Füchschen Alt (Füchschen) 164
Fürst Carl Josefi Bock (Fürstliches Brauhaus Ellingen) 168
Fürst Carl Urhell (Fürstliches Brauhaus Ellingen) 168
Fürstenberg Gold (Fürstenberg) 167
Fürstenberg Hefe Dunkel (Fürstenberg) 167

G

Genesee Cream Ale (High Falls) 194
Geuze Boon Mariage Parfait (Boon) 73
Ghisa (Lambrate) 230
Ghost Ale (Darwin) 117
Girardin Fond Gueuze (Girardin) 172
Goldbräu (Stiegl) 333
Golden Monkey (Victory) 358
Gonzo Imperial Porter (Flying Dog) 157
La Goudale (Gayant) 170
Gouden Carolus Christmas (Anker) 30
Gouden Carolus Classic (Anker) 30
Gourmetbryggeriet Bock (Gourmetbryggeriet) 175
Grafenauer Hefeweizen (Bucher Bräu) 93
Grand Cru (Upstream) 356
Grande Réserve / Bleue (Chimay) 109
Green Peppercorn Tripel (Brewer's Art) 83
Guinness Original (Guinness) 181
Gumballhead (Three Floyds) 345

H

Haake-Beck 12 (Haake-Beck) 182
Hadmar (Weitra Bräu) 360
Hawkshead Gold (Hawkshead) 191

Hawkshead Red (Hawkshead) 191
Hazed & Infused (Boulder) 77
Hefeweizen (Boscos) 75
Hefeweizen (Widmer) 366
Heintje (De Prael) 290
Helles (Bucher Bräu) 93
Hennepin (Ommegang) 276
Hermann's Dark (Vancouver Island) 357
Hermannator (Vancouver Island) 357
Hibernation Ale (Great Divide) 176
High Five! (Dugges Ale & Porterbryggeri) 134
Hillegoms Tarwe Bier (Klein Duimpje) 220
Hite (Hite) 195
Hoegaarden Wit (Hoegaarden) 196
Hofbräu Dunkel (Hofbräu München) 197
Hofbräu Original (Hofbräu München) 197
Hogs Back Bitter (Hogs Back) 198
Holden's Golden (Holden's) 199
Holledauer Leichtes (Au-Hallertau, Schlossbrauerei) 40
Holt 1849 (Holt) 200
Holt Bitter (Holt) 200
Holzfass-Bier (Locher) 241
Honey Brown Ale (Brauhaus Sternen) 334
Honey Brown Lager (Sleeman) 325
Hooky Bitter (Hook Norton) 201
Hop Rod Rye (Bear Republic) 53
Hopfengold (Au-Hallertau, Schlossbrauerei) 40
Hopfenkönig (Eggenberg) 142
Hopleaf Extra (Simonds Farsons Cisk) 322
House DPA / Draft Pale Ale (Shiga Kogen) 316
Huber Bock (Minhas) 257
Hue (Hue) 206
Huvila ESB (Huvila) 207
Huvila Porter (Huvila) 207
Hydes Original (Hydes) 208

I

IKB (Wickwar) 365
Ilzer Hefeweißbier (Ilzer Sörgyár) 209
Ilzer Roggen Rozs Sör (Ilzer Sörgyár) 209
Imperial Russian Stout (Stone) 336

Imperial Stout (Nils Oscar) 270
Imperial Stout (Nøgne Ø) 271
India Ale (Nils Oscar) 270
India Pale Ale (Avery) 41
India Pale Ale (BridgePort) 84
India Pale Ale (Goose Island) 174
India Pale Ale (Lagunitas) 228
India Pale Ale (Meantime) 252
Inversion IPA (Deschutes) 118
IPA (Ale Smith) 17
IPA (Caldera) 96
IPA (Greene King) 179
IPA (Harpoon) 188
IPA (Stone) 336

J

Jacobite Ale (Traquair) 350
Jacobsen Extra Pilsner (Jacobsen) 211
Jacobsen Saaz Blonde (Jacobsen) 211
Jahrhundert-Bier (Ayinger) 42
Jaipur (Thornbridge) 343
Jamaica Red Ale (Mad River) 245
James Squire Porter (Malt Shovel) 248
JEB (Wadworth) 359
Jeffrey Hudson Bitter/JHB (Oakham) 273
Jelen Pivo (Apatinska Pivara) 33
Jenlain Ambrée (Duyck) 139
Jever Fun (Jever) 215
Jever Pilsener (Jever) 215
JHB/Jeffrey Hudson Bitter (Oakham) 273
Jopen Hoppenbier (Jopen) 217
Jopen Koyt (Jopen) 217
Jubiläums-Festbier (Freiberger) 161
Judgment Day (Lost Abbey) 243
JW Dundee's IPA (High Falls) 194
JW Lees Bitter (Lees) 232

K

Kapuziner Weißbier (Kulmbacher) 227
Keller-Pils (Krone Tettnang) 224
Kellerbier (Flensburger) 155
Kellerbier Dunkel (Crailsheimer Engel-Bräu) 114
Kelpie Seaweed Ale (Williams) 367
Keo (Keo) 219
Kill Ugly Radio (Lagunitas) 228
Kingfisher (United Breweries) 355

Kirsch Porter (Bergquell) 58
KLB Nut Brown Ale (Amsterdam Brewery) 25
Kleiner Mönch (Alpirsbach) 22
König Ludwig Dunkel (König Ludwig) 222
König Ludwig Weißbier (König Ludwig) 222
De Koninck (De Koninck) 223
Kornelysbéier (Cornelyshaff) 113
Koźlak (Amber) 24
Kronen-Bier (Krone Tettnang) 224
Krušovice Dark Beer (Krušovice) 225
Krušovice Imperial (Krušovice) 225
Kumulus (Airbräu) 13

L

Lager (Snake River) 327
Lager Hell (Ankerbräu Nördlingen) 31
Lagerbier (Fässla) 150
Laiskajaakko (Teerenpeli) 339
Land Märzen (Döbler) 126
Landbier (Allersheim) 20
Landlord (Timothy Taylor) 347
Laughing Lab (Bristol) 88
Lausitzer Porter (Bergquell) 58
Lazy Mutt (Minhas) 257
Lead Dog Ale (Yukon Brewing) 373
Lemon Myrtle Witbier (Barons) 47
Liberty Ale (Anchor) 26
Liefmans Goudenband (Liefmans) 236
Liefmans Kriek (Liefmans) 236
Lindemans Gueuze Cuvée René (Lindemans) 237
Lindemans Kriek Cuvée René (Lindemans) 237
Lindener Special (Gilde) 171
Lion Stout (Lion Brewery Ceylon) 239
Little Creatures Pale Ale (Little Creatures) 240
Local 1 (Brooklyn) 90
London Pilsner 5.0 (United Breweries) 355
London Porter (Arcadia) 34
London Pride (Fuller's) 165
Lord Marples (Thornbridge) 343
Lou Pepe Framboise (Cantillon) 98
Löwenbräu Triumphator (Löwenbräu) 244
Löwenbräu Urtyp (Löwenbräu) 244

M

La Moneuse (Blaugies) 68
Mackinac Pale Ale (Michigan) 255
Maisel's Dampfbier (Maisel) 247
Maisel's Weiße (Maisel) 247
Malt Shovel India Pale Ale (Malt Shovel) 248
Maltesse (Castelain) 104
Maredsous 8° (Duvel Moortgat) 138
Märkischer Landmann (Berliner-Kindl-Schultheiss) 60
Mary (De Prael) 290
Meantime Chocolate (Meantime) 252
Mezquita (Alhambra) 18
Michelob (Anheuser-Busch) 29
Midas Touch (Dogfish Head) 127
Milk Stout (Duck-Rabbit) 133
Milk Stout (Left Hand) 234
Minoh AJI Stout (Minoh AJI) 258
Mirror Pond (Deschutes) 118
Miyama Blonde (Shiga Kogen) 316
Moa Blanc (Moa) 259
Moa Original (Moa) 259
Mönchshof Schwarzbier (Kulmbacher) 227
Montestella (Lambrate) 230
Moo Brew Pale Ale (Moo Brew) 263
Moo Brew Pilsner (Moo Brew) 263
Moonraker (Lees) 232
Moose Drool (Big Sky) 62
Moosehead Lager (Moosehead) 265
Moritz Fiege Pils (Fiege) 153
Mors Stout (Refsvindinge) 293
Mothership Wit (New Belgium) 267
Motor Oil (Beba) 54
Mungga (Biervision Monstein) 262
Munich Dark (Capital) 99
Munich Dark (Harpoon) 188

N

Naturtrübes Kellerbier (Aktienbrauerei) 14
New Grist (Lakefront) 229
New Morning (Ducato) 132
Nightmare (Hambleton) 187
Nora (Le Baladin) 44
Nördlinger Premium Pils (Ankerbräu Nördlingen) 31
Norfolk Nog (Woodforde's) 369
Norwegian Wood (Haandbryggeriet) 183
Nostradamus (Caracole) 101

Nut Brown Ale (Green Flash) 178
Nut Brown Ale (Samuel Smith) 308

O

Oatmeal Porter (Jämtlands Bryggeri) 212
Oberon Ale (Bell's) 55
Ochakovo Classic (Ochakovo) 274
Ochakovo Ruby (Ochakovo) 274
Oerbier (De Dolle Brouwers) 128
Okell's Bitter (Okell's) 275
Old Admiral (Lord Nelson) 242
Old Brewery Bitter (Samuel Smith) 308
Old Empire (Marston's) 249
Old Hooky (Hook Norton) 201
Old Peculier (Theakston) 341
Old Rasputin (North Coast) 272
Old Tom Strong Ale (Robinsons) 295
Oldgott Barique Ležák (U Medvídků) 353
Ølfabrikken Porter (Gourmetbryggeriet) 175
Ommegang Abbey Ale (Ommegang) 276
Onnenpekka (Teerenpeli) 339
Oregon (Beer Trail) 86–87
Organic IPA (Hopworks / HUB) 205
Organic Porter (Eel River) 141
Original (Everards) 147
Oro de Calabaza (Jolly Pumpkin) 216
Orval (Orval) 278
Ostravar Kelt (Ostravar) 279
Ostravar Premium (Ostravar) 279
Otter Creek Copper Ale (Otter Creek) 280
Ourdaller Waïssen Tarwebier (Cornelyshaff) 113
Outlaw Wild Mule (Rooster's) 299
Ožujsko Pivo (Zagrebacka) 374

P

Page 24 Rhubarbe (Saint Germain) 305
Pale Ale (Sierra Nevada) 320
Pale Rider (Kelham Island) 218
Panil Barriquée Sour (Panil (Torrechiara)) 282
Paracelsus Zwickl (Stiegl) 333
Pedigree (Marston's) 249

Pendle Witches Brew (Moorhouse's) 264
Penetration Porter (Kuhnhenn) 226
Pete's Wicked Ale (Pete's) 284
Petrus Aged Pale (Bavik) 51
Petrus Oud Bruin (Dark) (Bavik) 51
Pietra (Pietra) 286
Pig Iron Porter (Iron Hill) 210
Pilsener (Caldera) 96
Pilsner Urquell (Pilsner Urquell) 287
Pipeline Porter (Kona) 221
Planet Porter (Boulder) 77
Pliny The Elder (Russian River) 303
The Poet (New Holland) 269
Porte Du Hainaut Ambrée (La Choulette) 110
Porter (Žlein Duimpje) 220
Porter (Żywiec) 377
Prag (Biertour) 288–289
Prager Dunkles (Siebensternbräu) 319
Premium Bohemian Lager (Herold) 192
Premium Lager (Creemore Springs) 115
Premium Pils (Bitburger) 66
President (Jämtlands Bryggeri) 212
Prima Pils (Victory) 358
Prime Max (Hite) 195
Prinz Pils (Bayern Meister Bier) 52
Pszenciczne (BrowArmia) 92
Publiner (Herrngiersdorf) 193
Pullman Brown Ale (Flossmoor Station) 156

Q

Quilmes Cristal (Quilmes) 291
Quilmes Stout (Quilmes) 291

R

Racer 5 (Bear Republic) 53
Radegast Original (Radegast) 292
Radegast Premium (Radegast) 292
Radler (Bischoff) 64
Raspberry Eisbock (Kuhnhenn) 226
Raspberry Strong Ale (Berkshire) 59
Raspberry Wheat Beer (Browarmia) 92
Ratsherrn Trunk (Freistädter) 163

Ratskeller Premium Pils (Gilde) 171
Rauchbier (Freistäter) 163
Rauchbier Urbock (Schlenkerla) 309
Rauchbock (Siebensternbräu) 319
Red Poppy (Lost Abbey) 243
Red Stripe (Desnoes and Geddes) 119
Red Tail Ale (Mendocino) 253
Reichsstadtbier (Döbler) 126
Réserve Hildegarde Ambrée (Saint Germain) 305
Resurrection (Brewer's Art) 83
Riggwelter (Black Sheep) 67
Rising Sun Pale Ale (Baird) 43
Riverwest Stein (Lakefront) 229
Robson's Durban Pale Ale (Shongweni/Robson's) 318
Robson's East Coast Ale (Shongweni/Robson's) 318
Robust Porter (Smuttynose) 326
Rochefort 6 (red) (Rochefort) 296
Rochefort 10 (blue) (Rochefort) 296
Rodenbach Classic (Rodenbach) 297
Rodenbach Grand Cru (Rodenbach) 297
Rogers Beer (Little Creatures) 240
Rooster's Yankee (Rooster's) 299
Roter Eric (Wismar) 368
Rothaus Hefeweizen (Rothaus) 300
Rothaus Tannenzäpfle (Rothaus) 300
Roxy Rolles (Magic Hat) 246
Royal 11 (Biervision Monstein) 262
La Rulles Estivale (Rulles) 302
La Rulles Triple (Rulles) 302
Russian Imperial Stout (Iron Hill) 210
Rye Pale Ale (Terrapin) 340

S

Sahti Strong (Finlandia) 154
St-Ambroise Apricot Ale (McAuslan) 251
St-Ambroise Oatmeal Stout (McAuslan) 251
St Austell IPA (St Austell) 331
La Sainte Hélène Ambrée (Sainte-Hélène) 306
Saison 1900 (Lefèbvre) 233
Saison (Nøgne Ø) 271
Saison (Southampton) 328

Saison Dupont (Dupont) 135
Salvation (Avery) 41
Samichlaus (Eggenberg) 142
Samson (Double Maxim) 129
Scape Goat Pale Ale (Big Sky) 62
Schiehallion (Harviestoun) 190
Schloss Hell (Arco) 35
Schmaltz Alt (August Schell) 39
Schneider Weisse Original (Schneider) 312
Schwarzbier (Fiege) 153
Schwarzes Bergbier (Freiberger) 161
Schwarzes Pils (Alpirsbach) 22
Schwarzviertler (Faust) 151
Schwechater Bier (Schwechater) 313
Schwechater Zwickl (Schwechater) 313
Scires (Birrificio Italiano) 63
Scotch Ale (Arcadia) 34
Scotch Silly (Silly / Mynsbrug Hen) 321
Sesonette (Piccolo Birrificio) 285
Session Lager (Full Sail) 166
Shakespeare Stout (Rogue) 298
Shiner Bock (Shiner) 317
Shiner Hefeweizen (Shiner) 317
Shoals Pale Ale (Smuttynose) 326
Silberfüchsen (Füchsen) 164
Silly Saison (Silly / Mynsbrug Hen) 321
Sinebrychoff Porter (Sinebrychoff) 323
Singha (Boon Rand) 74
Singha Light (Boon Rand) 74
Skullsplitter (Orkney) 277
Sleeman Cream Ale (Sleeman) 325
Smoked Pale Ale (Hakusekikan) 186
Smoked Porter (Captain Lawrence) 100
Sneck Lifter (Jennings) 214
Snow Plow (Widmer) 366
Sol (Moctezuma) 260
Special Pale Ale (SPA) (Bath Ales) 49
Special Pilsner (Capital) 99
Speculation (Freeminer) 160
Speedway Stout (Ale Smith) 17
Spitfire (Shepherd Neame) 315
Spotted Cow (New Glarus) 268
Stallion (Hambleton) 187
Starobrno Premium Lager (Starobrno) 329

Starobrno Rezák (Starobrno) 329
Staropramen Dark Beer (Staropramen) 330
Staropramen Premium Lager (Staropramen) 330
Station Porter (Wickwar) 365
Steelhead Scotch Porter (Mad River) 245
Steg 150 (Lion Brewery) 238
Stegmaier Porter (Lion Brewery) 238
Stifter Bier (Stiftsbrauerei Schlägl) 335
Stone Mill Organic Pale Ale (Anheuser-Busch) 29
Styrian Ale (Forstner) 159
Summer Lightning (Hop Back) 204
Sündenbock (Herrngiersdorf) 193
Sunset Wheat (Leinenkugel's) 235
Super Vintage (Hakusekikan) 186
Superior (Hacker-Pschorr) 184
Svetlé Detenické Pivo 12° (Detenice) 120
Švyturys (Švyturys-Utenos) 338
Švyturys Ekstra (Švyturys-Utenos) 338

T

Tagus (Cereuro Cervejeira Europeia) 106
Talco (Beba) 54
Tally Ho! (Palmers) 281
Tavallinen (Finlandia) 154
Ten Pin Porter (Ska) 324
Three Boys Porter (Three Boys Brewery) 344
Three Boys Wheat (Three Boys Brewery) 344
Three Sheets (Lord Nelson) 242
Tiger (Asia Pacific Breweries) 36
Tiger (Everards) 147
Timisoreana (Bere Romania) 56
Titan IPA (Great Divide) 176
Titanic Stout (Titanic) 348
Tmavé Detenicke Pivo 13° (Detenice) 120
Toccadibò (Barley) 46
Tokyo Black (Yoho) 372
Tomislav Pivo (Zagrebacka) 374
Topvar Svetlé (Topvar) 349
Torbata (Almond 22) 21
Traditional Best Bitter (Palmers) 281
Traditional English Ale/TEA (Hogs Back) 198

Traditional Gueuze (Timmermans) 346
La Trappe Tripel (La Trappe) 351
La Trappe Witte Trappist (La Trappe) 351
Traquair House Ale (Traquair) 350
Tribute (St Austell) 331
Tripel Karmeliet (Bosteels) 76
Triple 22 (Forstner) 159
Triple Exultation (Eel River) 141
Troublette Bio (Caracole) 101
True Blonde (Ska) 324
Tsingtao (Tsingtao) 352
Tsunami Stout (Pelican) 283
Turbock (Brouwerij 't IJ) 91

U

Unicorn Best Bitter (Robinsons) 295
Union Lager (Union) 354
Ur-Bock Hell (Einbecker) 144
Ur-Weizen (Jandelsbrunner) 213
Urbock (Creemore Springs) 115
Urfass (Arco) 35
Ursus Premium Pils (Bere Romania) 56
Utopias (Samuel Adams) 307

V

Velvet ESB (Hopworks / HUB) 205
Világos (Blonder Sörgyar) 69
Vollmond (Locher) 241

W

Wadworth 6X (Wadworth) 359
Wake-n-Bake Coffee Oatmeal Imperial Stout (Terrapin) 340
Wartmann's Nur Für Freunde No1 (Brauhaus Sternen) 334
Weißbier (Augustiner) 38
Weißbier Hell (Bischofshof) 65
Weitra Hell (Weitra Bräu) 360
Weizenbock (Auer) 37
Wells Bombardier (Wells & Young) 361
West Coast IPA (Green Flash) 178
Westmalle Dubbel (Westmalle) 363
Westmalle Tripel (Westmalle) 363
Westvleteren abt 12° (Westvleteren) 364
Westvleteren Blond (Westvleteren) 364

Wherry Best Bitter (Woodforde's) 369
White Dwarf (Oakham) 273
White Shield (Worthington's White Shield) 370
Wicked Strawberry Blond (Pete's) 284
De Wilde Zuidentrein (Flossmore Station) 156
Winter Warlock (Bristol) 88
Wismarer Mumme (Wismar) 368
Wizard Smith's Ale (J Boag & Son) 70
Wolaver's Oatmeal Stout (Otter Creek) 280
Worthington's Red Shield (Worthington's White Shield) 370

X

X-Beer (U Medvídků) 353
XB Bitter (Bateman) 48
Xingu Black Beer (Sul Brasileira) 337
Xtra Gold (Captain Lawrence) 100
Xyauyù (Le Baladin) 44

Y

Yanjing Beer (Yanjing) 371
Yona Yona Ale (Yoho) 372
Young's Bitter (Wells & Young) 361

Z

Žatec Blue Label (Žatec) 375
Žatec Export (Žatec) 375
Zlatopramen 11° (Zlatopramen) 376
Zlatopramen 11° Dark (Zlatopramen) 376
Zonker Stout (Snake River) 327
Zywe (Amber) 24
Żywiec (Żywiec) 377

Dank

Tim Hampson, der Herausgeber dieses Buches, findet, dass er einen der besten Berufe der Welt hat – er verdient sein Geld mit Biertrinken. Er ist immer unterwegs, um die besten Biere der Welt zu entdecken und um mehr Menschen begreiflich zu machen, dass Bier komplexer ist, als Wein es je sein könnte. Hampson tritt regelmäßig in der BBC und auf SkyTV auf, schreibt u. a. für *The Telegraph*, *Food & Travel Magazine*, *What's Brewing*, *Drinks International*, *Beers of the World*, *American Brewer*, *Brewers Guardian* und *Morning Advertiser* und ist Vorsitzender der British Guild of Beer Writers.

Mit Beiträgen von Tim Hampson • Stan Hieronymus • Werner Obalski • Joris Pattyn • Alastair Gilmour • Lorenzo Dabove • Gilbert Delos • Conrad Seidl • Ron Pattinson • Bryan Harrell • Willie Simpson • Geoff Griggs • Laura Stadler-Jensen • Adrian Tierney-Jones

Der Verlag dankt folgenden Personen und Organisationen, die bei der Entstehung dieses Buches behilflich waren: Beers of Europe, Finn von Utobeer, Jeff von Cracked Kettle, Lithuanian Beer, Belgian Beer Shop, The Grove Tavern, Karen Heptonstall, Malini McCauley, Jennifer Crake von Tourmaline Editions, Florian Bucher, Dorothee Whittaker, Tina Gehrrig, Monika Schlitzer und Ina Melzer vom Dorling Kindersley Verlag, Dirk Kaufman von DK Inc., Rebecca Carman, Shawn Christopher, Katerina Cerna, Wojciech Kozlowski, Agnes Ordog, Jürgen Scheunemann, Yumi Shigematsu, Diggory Williams, Nora Zimerman.

Bildnachweis
Der Verlag dankt allen Brauereien, die Bierflaschen oder Bilder von Bierflaschen für dieses Buch zur Verfügung gestellt haben.

Der Verlag dankt ebenfalls den folgenden Unternehmen für die freundliche Genehmigung, ihre Bilder zu reproduzieren: Pelican (S. 86, unten links); Rogue Brewery (S. 86, Mitte links)

Weitere Fotos von Thameside Media, Quentin Bacon, Jane Ewart, Joe Giacomet, Tim Hampson, Catherine Harries, Alex Havret, Michael Jackson © DK/Michael Jackson, Roger Mapp © Rough Guides, Ian O'Leary © DK, Michael Schönwälder, Mark Thomas © Rough Guides

Karten: Casper Morris, Paul Eames, David Roberts, Iorwerth Walkins

Cover vorn: Hoegaarden Wit, Augustiner Edelstoff, Guinness Foreign Extra Stout, Starobrno Premium Lager; Rücken: U Medvídků Oldgott Barique Ležák